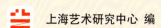 上海艺术研究中心 编

雅韵千秋

俞振飞诞辰一百二十周年纪念展图录

上海人民出版社

编委会

▌1902.7.15-1993.7.17▐

俞振飞

俞振飞（1902年7月15日出生，1993年7月17日逝世），名远威，字振飞，号箴非，别号涤盦、涤叟，原籍松江娄县，生于苏州。20世纪杰出的京昆艺术大师。自幼长年随乃父"江南曲圣"俞粟庐（1847—1930）习昆曲唱念，工小生，独得清代叶堂唱口真传。又系统学习昆剧小生身段表演，兼习京剧小生。30年代下海成为职业京剧演员，先后与程砚秋、梅兰芳等京剧大师长期合作，与姜妙香、叶盛兰两位京剧名小生各擅胜场，鼎足而三。

俞振飞在其长达70年的京昆演剧生涯中，形成了富于书卷气的风格，世称"俞派"。昆曲唱念一道，俞粟庐以下，实系于俞振飞一人。他的舞台表演，儒雅俊逸，尤以巾生、冠生及穷生见长。

俞振飞1957年起任上海市戏曲学校校长，识才育人，推陈出新，与师生们一起合作，整理或创排众多昆曲剧目。改革开放时期，他以耄耋之年致力于京昆事业，出任上海昆剧团团长、上海京剧院院长，复任上海戏校校长，并时常登台示范演出，录制音像，流风余韵泽被今日。

前　言

　　在上海的文化史册上有过一些前辈，为这座城市的文化艺术作出了极大的贡献，他们永远值得后人怀念。俞振飞就是其中的一位。俞振飞先生是我国享有盛誉的京昆表演艺术大师和杰出的戏曲教育家。在长达70年的演剧生涯中，他创造出许多光彩夺目的舞台形象，形成了儒雅、秀逸、富于书卷气的"俞派"风格。俞振飞先生还为昆曲艺术培养了一批新生力量，使这门古雅的艺术得以在新的时代传承赓续。

　　2022年是俞振飞先生诞辰120周年。为纪念和缅怀大师，梳理和总结大师留下的宝贵遗产，探讨21世纪京昆艺术发展的策略和路径，上海艺术研究中心在克服新冠疫情带来的种种困难的前提下，联合上海市历史博物馆（上海革命历史博物馆）、上海昆剧团、上海戏剧学院附属戏曲学校共同举办了"雅韵千秋——俞振飞诞辰120周年纪念展"；上海艺术研究中心联合上海市剧本创作中心共同举办了 "雅韵千秋——纪念俞振飞诞辰120周年学术研讨会"等系列纪念活动。

　　"雅韵千秋——俞振飞诞辰120周年纪念展"于2022年7月和2023年1月先后在上海市历史博物馆和俞振飞先生家乡松江云间会堂举办。该展以上海艺术研究中心馆藏档案文献为基础，并得到上海图书馆等单位以及俞振飞先生弟子、民间收藏家的大力支持，共展出书刊、杂志、手稿、书信、校样、说明书、剪报、戏服、扇箑、乐器、照片、录音带、录像带等实物展品、图文资料、音视频艺术档案300余件。结合当年疫情防控的特殊情况，上海艺术研究中心立足上海、放眼全国，搭建了线上"云观展"平台，精心录制了10分钟展览精华版导览，开通"雅韵千秋——俞振飞诞辰120周年纪念展"的线上展厅，通过线上与线下、场馆内与场馆外、实体空间与虚拟空间的平行交互，对俞振飞先生系列珍稀档案资源进行了二次开发，打造特色数字文旅服务品牌，让更多上海市民乃至全国人民，通过可参与、可体验、可感受的数字文化平台，感受"俞派艺术"之魅力，领略一代宗师之风采。

在筹办这个纪念展的一年多时间里，上海艺术研究中心走访联系了俞振飞先生的家人、弟子及相关艺术家、收藏家、研究者和崇拜者数十人，他们中有的为展览的筹备提供了重要的线索，有的捐赠或借展了珍贵的藏品。"雅韵千秋——俞振飞诞辰120周年纪念展"是对俞老艺术人生的全面梳理、集中展示和立体形象的呈现，开幕之后即受到了社会各界的广泛关注。为了让这些难得聚集在一起的珍贵资料能在展览结束后继续发挥作用，上海艺术研究中心决定出版展览图录。本图录重点选取能代表俞老艺术人生关键结点，史料价值高，图片质量高，尤其不乏首次展示的内容，为后人对俞老和京昆艺术研究提供宝贵资源。

历史为我们留下了宝贵的文化遗产。俞振飞先生对传承中华优秀传统文化艺术所做出的贡献，可谓泽被千秋。让我们以俞老为楷模，以本次纪念活动为契机，共同为继承和发扬中华民族优秀传统文化，为推动戏曲事业繁荣发展，做出无愧于时代的努力！

上海艺术研究中心主任　夏　萍

2023年3月5日

目 录

度曲沪滨

初识梅程

■ 叁 艺兼昆黄

菊部生涯

续奏水磨

■ 肆　承前启后

推陈出新

合拍断桥

执掌戏校

桃李门墙

润物无声

耄耋传艺

春泥护花

■ 伍 大师流芳

艺术常青

鲁殿灵光

崑曲粹存

中華民國八年十月印刷
中華民國八年九月出版

不許
翻印
選擇

編校者　崑山國學保存...

發行者　上海朔記書莊

印刷者　上海中華書局

發行所　上海朔記書莊
　　　　四馬路中百二十號

經售者　全國各大書莊

昆曲简介

昆曲又名昆腔、昆山腔、水磨调、磨调等等，这是指声腔的音乐形成而言。如果作为戏曲艺术的一个剧种，就该把表演、舞台美术包含在内。它的别称则是：昆腔戏（内分文班戏、武班戏两种）、昆剧。

—— 俞振飞《昆曲源流及其变革》（1986）

昆曲源流

昆曲源流

昆曲形成于明嘉靖、隆庆年间的太仓、昆山一带，兴盛于以苏州为中心包括上海在内的江南地区，并远播扬州、北京及全国其他地区。

昆曲初为依照文字格律和音韵规则为南北曲（与诗词并列的一种文学体裁）定律排腔的清唱形式，不同于民间自发形成的戏曲声腔，其度曲规范在 16 世纪中叶由魏良辅等确立，始称"磨调"，又称"水磨腔"。因滥觞于昆山县境（明时太仓属昆山），乃有"昆曲"之名。因其定律排腔最能与南北曲文辞相契帖，故为文人士大夫所欣赏。士大夫家中演剧，亦令优伶用昆曲演唱以南北曲为主干的传奇剧本。昆曲由此成为梨园正声，其音韵规范及艺术格调为近代诸多戏曲、曲艺借鉴师法，尤以京剧受昆曲影响最深。用昆曲演唱的戏剧形式，习惯上也统称"昆曲"，入民国后则有"昆曲戏""昆戏""昆剧"之称。

《南曲九宫正始》，南曲宫谱（格律谱）。该谱是昆曲定型时期用于南曲填词度曲的工具书。明末徐于室（1574—1636）初辑，主要由魏良辅再传弟子钮少雅（1563—1661 后）编订，对南曲曲牌按"九宫十三调"加以分类，并逐一厘定每个曲牌的文字格律，罗列变体，分别正衬，点定板位，最称完备。

1936 年戏曲文献流通会据清初钞本影印《南曲九宫正始》

明代潘允端《玉家中演剧事，提供。

潘允端（1上海人，15造豫园娱亲创建者，官布政使，15归家，经营养家班，"无日不观剧华堂日记》，中演剧事，代昆剧家班的第一手史大家知道中国文学史上有唐诗、宋词、元曲，那么昆曲是怎样产生的呢？明代嘉靖年间，有两位名家，一位是魏良辅，一位是梁辰鱼。魏良辅是民间音乐家，他将流行在江苏昆山一带民间小调，加以发展提高，并吸收了当时流行的戏曲声腔——弋阳腔、余姚腔、海盐腔等优点，形成了"流丽悠远""转音若丝"的新的声腔，称为"水磨调"，亦称"昆腔"。

——俞振飞述并修订、唐葆祥记录《我与昆曲》（1982）

"昆曲源流"展墙

清末《金瓶梅》插图，表现民家家班堂演。

清乾隆、嘉庆年间，江南一带，昆曲臻于极盛。无论清唱还是演剧，均形成了严格、细致的规范。

叶堂订谱，1792年刊（纳书楹四梦全谱），上海市历史博物馆藏书。

清代俞恤《盛世滋生图》中表现本涉及苏州阊门全景的演出热闹市井之景，是传统时期堂会演剧场面。

明代演剧，以厅堂家班形式为主。魏良辅确立度曲原则后，梁辰鱼作《浣纱记》传奇，搬演时令家班令人依照魏良辅的度曲原则谱唱传奇中的南北曲，是为"昆曲戏"或"昆剧"。自此昆剧渐成家班与宫廷演出主流。

同时，昆曲的影响渐及于民间戏曲，诸腔戏曲常有昆腔剧目，或辗转移植，或出于模仿套用，均发生了不同程度的嬗变。至近代，京剧、川剧、婺剧等众多剧种，仍保留不少这类昆腔剧目。

叶堂（约1723—1795后），号怀庭，字广明，一字广平，长洲（今属苏州）人，昆曲清唱家、音乐家。毕生精研唱法，世称其唱法为"叶派唱口"，为习曲者准绳，后世推为清唱正宗，善谱曲。编订刊行分析工尺谱多部，卷帙浩繁，犹以《纳书楹曲谱》与《纳书楹四梦全谱》为空前巨制。传叶派唱口之著名者，有训诂学家钮树玉（匪石）、伶人金德辉等。乾嘉之际李斗《扬州画舫录》云："近时以叶广平唱口为最，著《纳书楹曲谱》，为世所宗。其余无足数也。"至同治年间，松江清唱家韩华卿传叶派唱口于俞宗海（粟庐）。

清代乾隆年间，昆剧演出形式渐由家班转变为面向公众的戏馆茶园营业演出。运河为主轴，苏州、扬州、北京是主演出最重要的中心，伶人大多来自苏州对当时梆子、乱弹等诸戏曲诸腔剧面。苏、扬、京三地的昆剧戏班享有造局、两淮盐务处、内务府升平署等机构特许的超然地位，称为"雅部"；曲的班社彼此消彼长，自生自灭，称为"花部"。昆曲演剧在官方支持下昌盛，一时形成花雅对立的局面，同时之间也有相当的交流。昆剧表演的规定型于此一时期，道光后对在京班影响大，直接促使徽班演剧气质的提升，世所称的"京剧"。

魏梁创制

  昆曲形成于明代太仓、昆山一带，兴盛于以苏州为中心包括上海在内的江南地区，并远播扬州、北京及全国其他地区。

  昆曲初为依照文字格律和音韵规则为南北曲（与诗词并列的一种文学体裁）定律排腔的清唱形式。不同于民间自发形成的戏曲声腔，其度曲规范在16世纪中叶由魏良辅等确立。始称"磨调"，又称"水磨腔"，因滥觞于昆山县境（明时太仓属昆山），乃有"昆曲"之名。因其定律排腔最能与南北曲文辞相熨帖，故为文人士大夫所欣赏。士大夫家中演剧，亦令优伶用昆曲演唱以南北曲为主干的传奇剧本。昆曲由此成为梨园正声。

《南曲九宫正始》（展品1）

01

《南曲九宫正始》

- 书籍
- 徐于室、钮少雅著
- 1936年戏曲文献流通会据清初抄本影印
- 1函10册，函13.6×20×8.6cm，册12.6×19.7cm
- 私人藏

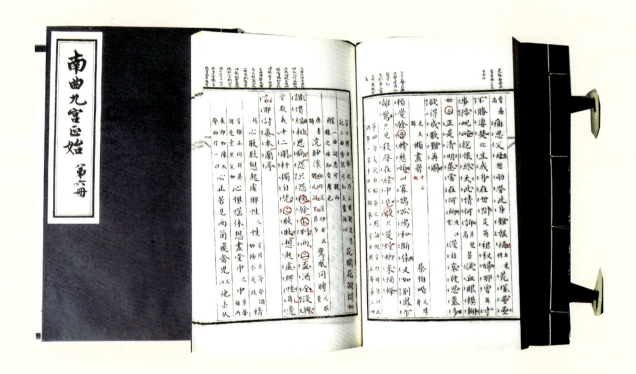

《南曲九宫正始》第五册〖南吕宫〗【懒画眉】【浣纱溪】等曲牌词格板位

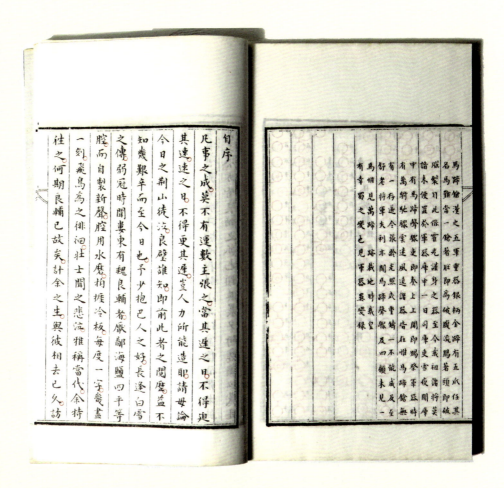

《南曲九宫正始》卷末钮少雅自序

　　该谱为南曲宫谱（格律谱）。明末士人徐于室（一作"子室"，1574—1636）初辑，魏良辅再传弟子钮少雅（1563—1661后）编订，是昆曲定型时期用于南曲填词度曲的工具书。对南曲曲牌按"九宫十三调"加以分类，并逐一厘定每个曲牌的文字格律，罗列变体，分别正衬，点定板位，最称完备。

　　钮氏自序作于清顺治辛卯（1651年），自述其弱冠时"闻娄东有魏良辅者，厌鄙海盐、四平等腔，而自制新声……雅称当代"，因思拜访，而魏良辅已故世；复问艺于魏之弟子张五云、张五云之弟子吴苁溪及魏良辅派的任小泉、张怀仙，"虽不能入魏君之室，而亦循循乎登魏君之堂"。

02

潘允端《玉华堂日记》散页

· 明代稿本照片
· 稿本藏上海博物馆

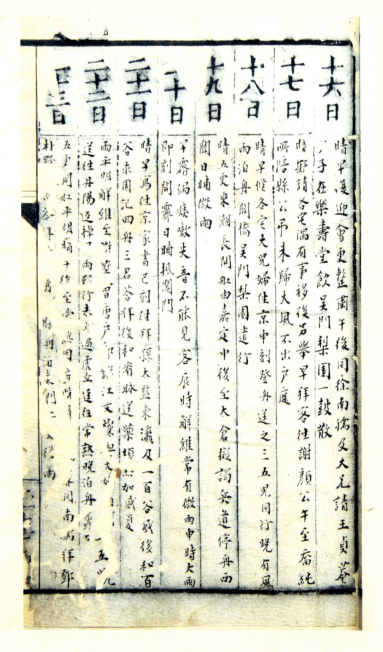

《玉华堂日记》散页

清初《金瓶梅》插图表现昆曲家班氍毹演

　　潘允端（1506—1581），上海人。1559年起兴造豫园娱亲，为豫园创建者。官至四川右布政使。1577年致仕归家，经营豫园，蓄养家班，"无日不开宴，无日不观剧"。所著《玉华堂日记》常记其家中演剧事，为有关明代昆剧家班演出情况的第一手史料。该页"十六日""十八日"均记家中演剧事。

　　明代演剧，以厅堂家班形式为主。魏良辅确立度曲原则后，梁辰鱼作《浣纱记》传奇，搬演时令家班伶人依照魏良辅的度曲原则谱唱传奇中的南北曲，是为"昆曲戏"或"昆剧"。自此昆剧渐成家班及宫廷演出主流。

　　同时，昆曲的影响渐及于民间戏曲。诸腔戏曲常有昆腔剧目，或辗转移植，或出于模仿套用，均发生了不同程度的嬗变。至近代，京剧、川剧、婺剧等众多剧种，仍保留不少这类昆腔剧目。

清代徐扬《盛世滋生图》（1759年）局部

乾嘉典范

　　清代乾隆、嘉庆年间，昆曲臻于极盛。其清唱一派多由职业曲师及文人、布衣等业余唱家传习，称"清工"；演剧则由职业伶人承应，称"戏工"。无论清唱的"清工"还是演剧的"戏工"，均形成了严格、细致的规范。其音韵规范及艺术格调为近代诸多戏曲、曲艺借鉴师法，尤以京剧受昆曲影响最深。用昆曲演唱的戏剧形式，习惯上也统称"昆曲"，入民国后则有"昆曲戏""昆戏""昆剧"之称。

03

《纳书楹四梦全谱》

· 1792年原刻本书影照片
· 原书藏上海市历史博物馆

　　叶堂（约1723—1795后），号怀庭，字广明，一字广平，长洲（今属苏州）人，昆曲清唱家、音乐家。毕生以业余身份精研唱曲，世称其唱法为"叶派唱口"，为习曲者准绳，后世推为清唱正宗。善谱曲。编订刊行分折工尺谱多部，卷帙浩繁，尤以《纳书楹曲谱》与《纳书楹四梦全谱》为空前巨著。传叶派唱口之著名者，有训诂学家钮树玉（匪石）、伶人金德辉等。乾嘉之际李斗《扬州画舫录》云："近时以叶广平唱口为最。著《纳书楹曲谱》，为世所宗。其余无足数也。"至同治年间，松江清唱家韩华卿传叶派唱口于俞宗海（粟庐）。

《纳书楹四梦全谱》卷一《牡丹亭全谱》之《惊梦》

04

清代苏州府木渎遂初园厅堂演剧模型

· 模型
· 中国昆曲博物馆（苏州戏曲博物馆）据清代徐扬《盛世滋生图》制作
· 96cm（宽）×100cm（长）×56cm（高）
· 中国昆曲博物馆（苏州戏曲博物馆）藏

木渎遂初园厅堂演剧模型

　　《白兔记》为元代南戏作品，述五代刘知远、李三娘故事。《麻地》为原著第三十二出《私会》之上半出，乾嘉间独立为一出折子戏。《盛世滋生图》所示即《麻地》一出中李三娘挑水倦睡遭牧童戏弄的情节。

模型局部

　　昆曲所演绎的南戏、传奇等作品，多长达数十出，一部作品往往须数日之久才得以从头至尾演完。至清乾隆、嘉庆年间，演剧风气为之一变，全本演出日益罕见，从全本中抽出的折子戏日益成为昆曲演剧及唱曲的主流。一方面，折子戏仅为全剧故事片段，缺少前因后果的交代，对普通受众接受和理解剧情内容构成了障碍。另一方面，折子戏经过演员或唱家的精雕细刻，常能体现昆曲唱念和演剧的最高水平，凝聚着昆曲唱念表演艺术的菁华。

　　同时，昆剧演出形式渐由家班演剧转变为面向公众的戏馆茶园营业演出。以大运河为主轴，苏州、扬州、北京是当时昆剧演出最重要的中心，伶人大多来自苏州。面对当时梆子、乱弹等民间戏曲诸腔竞奏的局面，苏、扬、京三地的昆剧戏班享有苏州织造局、两淮盐务处、内务府升平署等官方机构特许的超然地位，称为"雅部"；其余戏曲的班社则此消彼长，自生自灭，被笼统称为"花部"。昆曲演剧在官方支持下趋于极盛，一时形成花雅对立的局面。同时，花雅之间也有相当的交流。昆剧表演的规范大致定型于此一时期，道光后对在京徽班影响巨大，直接促使徽班演剧气质的提升，形成后世所称的"京剧"。

申城曲缘

申城曲缘

道光以降，上海有赓扬集、姜局、怡怡集、吴局、钧天集等众多业余唱曲组织。至 20 世纪，赓春曲社（1902—1950）与平声曲社（1904—1951）是近代影响最大、延续时间最长的两个曲社。半个世纪中，两大曲社汇集了苏浙沪众多曲友，其中不乏造诣精深者如徐凌云、潭西园、殷震贤、管际安、庄一拂、叶小泓、项馨吾、朱尧文等名家。至 1957 年，上海昆曲研习社成立，骨干成员仍多为原赓春、平声两大曲社的曲友。

20世纪初上海老城厢大境阁，1904年，平声曲社成立于此，为近传字辈艺术家倪传钺（1908—2010）书"平声曲社旧址"、

民国十年间，有昆曲老伶工演出于沪城小世界游艺场中。（穆藕初）先生往观之，见尽鸡皮鹤发之流，深慨龟年老去，法曲沦夷，将致湮灭如《广陵散》矣。

——俞振飞《穆藕初先生与昆曲》（1947）

清末民初上海姜衍泽堂药号章。上海市历史博物馆藏品。

道光十五年（1835），姜衍泽堂药号主人创办曲局（即曲社）"姜局"，为上海昆曲雅集首局。

赵景深、庄一拂编辑《戏曲》（月辑）第一辑第一卷（1942年元旦发行），首篇《上海曲社的动态》，报道平声、庚春等曲社活动。

沪上昆戏

　　19世纪中叶至20世纪初，苏州鸿福、大章、大雅、全福等昆班陆续来沪长驻演出，周钊泉、周凤林、丁兰荪、邱凤翔、田桂枝、钱宝卿、陈凤鸣等演员均名重一时。晚清驻沪昆班在与京剧、梆子等剧种竞争交流中，为争夺市场，招徕观众，常竞演新编本戏，并多采取灯彩、烟火、戏法等新花样以为号召，却仍难以抵御京班的声势。昆班人才纷纷流向京班，昆乱合演渐成上海昆剧演出的主要方式。至19世纪末，纯粹昆剧演出基本绝迹于上海舞台。

《陈兰坡之撞钟分宫》（展品5局部）

05

《陈兰坡之撞钟分宫》

· 选自清末《图画日报·三十年来伶界之拿手戏》
· 10.3×25.2cm　展开20.5×25.2cm
· 上海市历史博物馆藏

　　《撞钟》《分宫》系《铁冠图》之两出连演叠头戏，述崇祯帝国破自尽事，为昆曲大冠生名剧。20世纪30年代俞振飞曾演此剧。

八月二十日圖畫日報第三百五號第五頁

三十年來伶界之傑手戲

陳蘭坡之撞鐘分宮

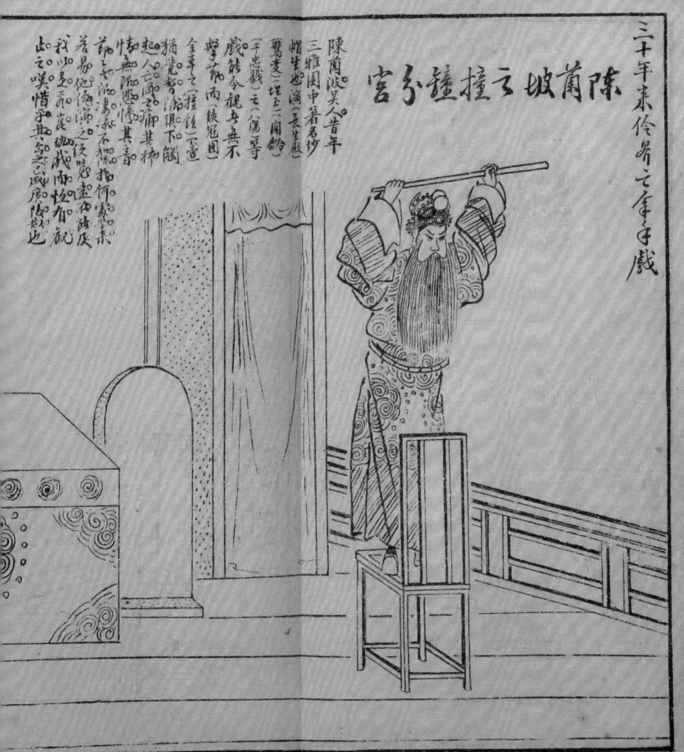

陳蘭波吳人昔年
三雅園中著君沙
帽生也演（長生殿）
鷺麥二塲之（開鈴）
（千忠戲）之（傷等）
戲能令觀身無不
擊節兩（鐵冠圖）
金全之（撞鐘）宣
猜覽者俯首低個
起人云國老痛其
悄無限悽慘其音
牛姬之沛凛不際
飾師衰樂來
著易他像演之使情怨
我以是而戲而悵怕如其及
此云嘆惜于其今之感廣陳裁也

昆剧传字辈艺术家倪传钺书"平声曲社旧址"

曲友曲社

　　以业余身份从事昆曲活动的人士互称"曲友"。道光以降，上海有赓扬集、姜局、怡怡集、吴局、钧天集等众多非职业唱曲组织。至20世纪，上海的曲友组织更趋繁盛，其中赓春曲社（1902—1950）与平声曲社（1904—1951）是近代影响最大、延续时间最长的两个曲社。半个世纪中，两大曲社汇集了苏浙沪众多曲友，其中不乏造诣精深者如徐凌云、溥西园、殷震贤、管际安、庄一拂、叶小泓、项馨吾、朱尧文等名家。至1957年，上海昆曲研习社成立，骨干成员仍多为原赓春、平声两大曲社的曲友。

20世纪初上海老城厢大境阁（平声曲社于1904年成立于此）

06

《戏曲》（月辑）第一辑第一卷

- 刊物
- 赵景深、庄一拂编辑
- 1942年元旦发行
- 13×18.5cm
- 上海艺术研究中心藏

《戏曲》（月辑）第一辑第一卷

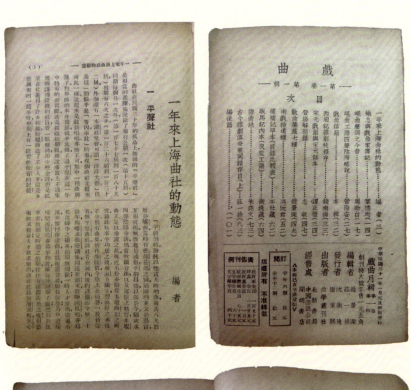

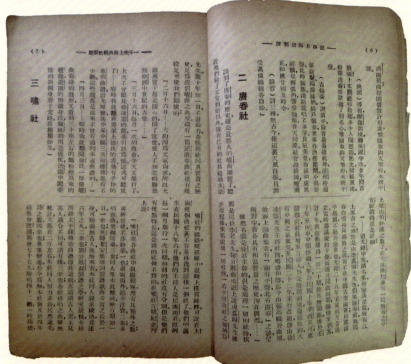

首篇《一年来上海曲社的动态》，报道平声、赓春等曲社活动

曲谱印行

　　民国时期，曲谱印行的中心渐由苏州转移至上海。晚清苏州曲师李秀云拍正的《遏云阁曲谱》，1870年已成书，至1893年始由上海著易堂书局印行，直至1920年多次重印，是近代最为通行的大型曲谱之一。苏州老伶工殷溎深（生于1825年前后）毕生抄录大量曲谱，总题《余庆堂曲谱》，未能刊行；后经曲友转抄、整理、编校，绝大多数由上海朝记书庄及世界书局分批出版，计有《昆曲粹存》《春雪阁曲谱》《增辑六也曲谱》《昆曲大全》4种选集及《琵琶记》《荆钗记》《拜月记》《西厢记》《牡丹亭》《长生殿》等多种传奇全谱。又如王季烈主持编订的《集成曲谱》《与众曲谱》等，均由上海商务印书馆印行。

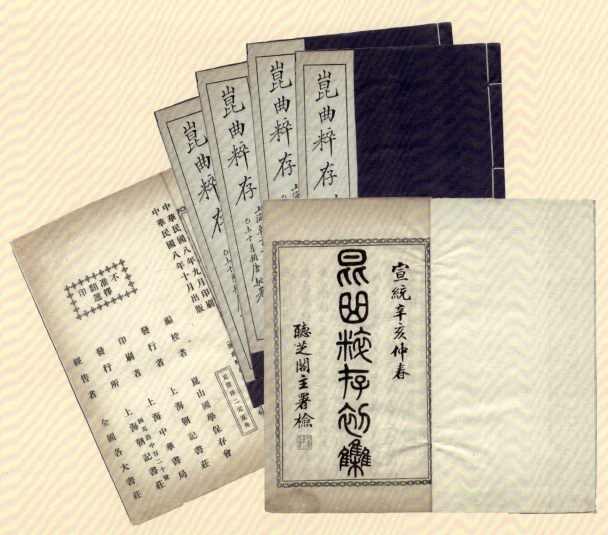

中華民國八年九月印刷
中華民國八年十月出版

不准翻印
選擇印刷

編校者　昆山國學保存會
發行者　上海朝記書莊
印刷者　上海中華書局
發行所　上海四馬路中百二十號朝記書莊
經售者　全國各大書莊

定價洋二元五角

宣統辛亥仲春

昆曲粹存初集

聽芝閣主署檢

《昆曲粹存初集》（展品7）

07

《昆曲粹存初集》

- 书籍
- 殷溎深点定，昆山国乐保存会编校
- 1909年成书，1919年上海朝记书庄印行
- 13×19.5cm
- 上海艺术研究中心藏

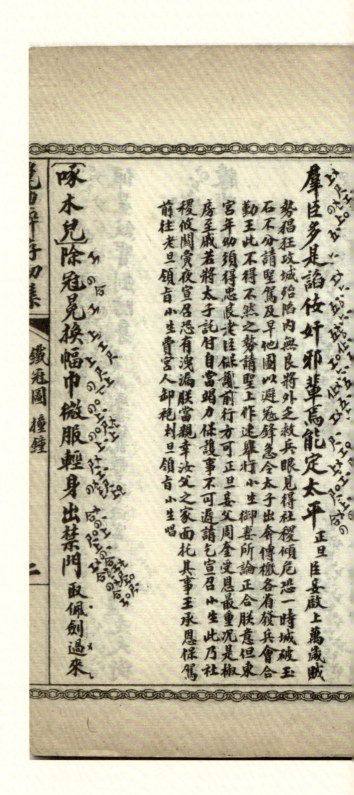

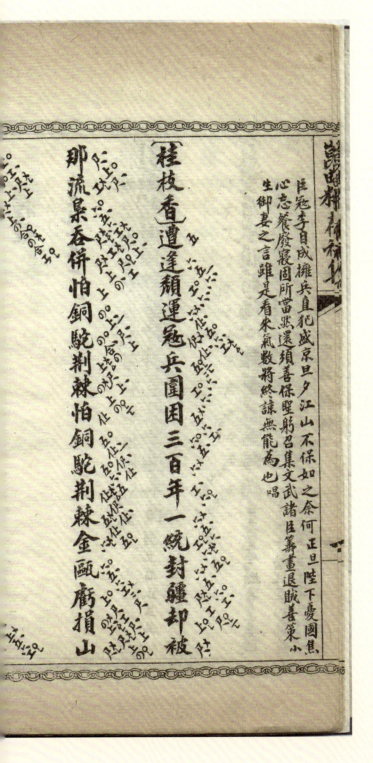

那流景吞併怕銅駝荊棘怕銅駝荊棘金甌虧損山

〔桂枝香〕遭逢顛運冠兵圍困三百年一統封疆却被

臣冠李自成擁兵直犯盛京旦夕江山不保如之余何正旦陛下憂國焦心志餐廢寢固所當然遠須善保聖躬召集文武諸臣籌畫退賊善策小生御妻之言雖是看來氣數將終諫無能為也唱

《昆曲粹存初集》之《铁冠图·撞钟》

昆曲正宗

"如果从我三岁听曲，六岁习曲算起，我接触昆曲已有八十余年了。八十余年来，我与昆曲结下了不解之缘。"

——俞振飞述、唐葆祥整理《一生爱好是昆曲》）（1989）

古娄俞氏

俞粟庐（1847—1930），名宗海，字粟庐，别号韬盦，松江娄县人。自幼成长在军营，善弓马骑射。1864年从军，累官至金山守备。1872年从沈景修学书法，从叶堂传人韩华卿习昆曲清唱，更请益于滕润之等前辈唱家，学会两百徐出，后辞官，为军营幕僚。1894年应苏州补园（今拙政园西部）主人张履谦之邀为西席，为之鉴定字画，传授昆曲。俞粟庐身兼骑射、书法、唱曲三绝艺，其于唱曲，独得叶堂正宗。首倡"曲情"说，主张"变死腔为活曲，化歌者为雅人"；尤其重视念白，提出根据词句格律、情节角色安排念白的高低疾徐。一生课徒达百人之多，世称"江南曲圣"。其唱念理念和艺术为俞振飞全面继承。

俞粟庐本人虽不涉足演剧，但对演剧艺术的传承亦十分留意。晚年更倡议发起成立昆剧传习所，为保存昆曲演剧一脉贡献卓著。

俞振飞三岁丧母，为使俞振飞入睡，俞粟庐每晚哼唱《邯郸梦·扫花绣鞋》作为摇篮曲，三年中为他唱了一千多遍。

至俞振飞六岁那年，一日俞粟庐在家课徒，拍授的正是这支却总学不会。俞振飞在旁随之哼唱，俱能中节。俞粟庐吹从未学过唱曲的俞振飞居然唱得一字不差。俞粟庐大为惊奇

自此，俞振飞每日在俞粟庐带领督促下念曲：五更天明必起一支曲子每晚必须高声干念（无伴奏徒歌）五十遍至一百三百遍，有时达五六百遍，始称满意，是为乾嘉曲师训练天国之役，至清末已鲜有知之、从之者。惟俞粟庐始终遵飞颇以为苦，但也因此练就近世无出其右的唱念功底。今涯中受益终生。十一岁那年，俞振飞又学会了吹笛，俞粟俞振飞伴奏。至1914年前后，俞粟庐以年事渐高，出行皆由俞振飞代行。

先大夫粟庐公，潜心曲学垂六十年。江浙名流，推之为"俞派"。盖传法于江南老曲家韩华卿、滕润之两先生。

——俞振飞《昆曲盛衰与提倡之必要》（1940）

"古娄俞氏"展墙

尹伯荃、冯超然合绘《漕车渔隐图》，中国昆曲博物馆提供。

图中俞粟庐肖像由尹伯荃绘于1916年俞粟庐七十岁时，风景由冯超然补绘于1926年俞粟庐八十寿辰。

俞粟庐致五伶俞建侯书信，指导书法。上海市历史博物馆提供。

俞粟庐致五伶俞建侯书信，谈成阳间的曲师授曲的方法。上海市历史博物馆提供。

近代词曲巨擘吴梅（1884—1939）撰《俞宗海家传》。

江 南 曲 圣

　　俞粟庐（1847—1930），名宗海，字粟庐，别号韬盦，松江娄县人。少年时期成长在军营，善弓马骑射。1864年从军，累官至金山守备。1872年从沈景修学书法，从叶堂传人韩华卿习昆曲清唱，更请益于滕润之等前辈唱家，学会两百余出。后辞官，为军营幕僚。1894年为苏州补园（今拙政园西部）主人张履谦所请，为西席，为之鉴定字画，拍授昆曲。

　　俞粟庐身兼骑射、书法、唱曲三绝艺，而其唱曲更独得叶堂正宗。提倡"曲情"说，主张"变死腔为活曲，化歌者为雅人"，尤其重视念白，提出根据词句格律、情节角色安排念白的高低抑扬。一生课徒达百人之多，世称"江南曲圣"，苏沪曲友受其教益者众多。其唱念理念和艺术为俞振飞全面继承。

　　俞粟庐本人虽不涉足演剧，但对此道的传承十分留意。晚年更倡议发起成立昆剧传习所，为保存昆曲演剧一脉贡献卓著。

長洲吳梅撰

俞宗海家傳

君諱宗海字粟廬松江婁縣人曾祖啓元祖後沐父承恩就江南江陰營守備職洪楊作亂有功陣亡六合事具六合縣志中君因冀雲騎尉世職隸松江提標營時提督李朝斌雅器君親喬訓迪而幕中上客魏彥者亦重君才授以書法君之工書由是始也君又長弓矢同治中曾文正公蒞松閱兵試馬射君三矢皆中文正大喜以朱筆作三圜記君名上又呼君與語奬勉備至光緒中署金山縣守備甫蒞事游擊某索君賄甚急君不知營務積習卽馳白督賓魏魏以告督立召某游擊面斥之君以同官齮齕知不可與處亦謝職改太湖水師營務處辦事由是而移家寓吳矣初君居標營時嘗從盛澤沈景修遊金石學又與吳江陸恢同學北碑陸兼畫君則壹壹于書而名亦伯仲也婁人韓華卿者佚其名善歌得長洲葉堂家法君亦從之學謳每進一曲必令稽諷數百徧純熟而後止夕則摘笛背肯所習者一字未安訶責不少貸君下氣怡聲不辭勞瘁因盡得其祕旣居吳中人士求書者無虛日君從容揮翰皆如其意而去則必歌氣納于丹穴聲翔於雲表當其舉首展喉如太空晴絲隨微風而下上及察其出字吐腔則字必分開合腔必分陰陽而又渾灝流轉運之以自然蓋自瞿起元鈕匪石後傳葉氏正宗者惟君一人而已吳縣張公履謙貧鄉里重望聞君名招致其家君感其禮遇爲之考金石搜文史教授子弟歷四十年如一日履謙旣歿其子元縠孫鍾來鍾湘等皆禮貌弗衰追君卽世鍾來復經紀其喪則君之持躬接物舉可知焉晚年爲上海李鍾珏校定平泉書屋所藏金石書畫一時名手皆服其鑒別之精性和易與人交不分畛域苟室所不可雖百乘之尊軺掉首弗顧又好導引術端坐調息寂然無慮故年至八十而神明強固如壯歲也君生于道光二十七年五月卒于民國十九年四月年八十有四娶王氏繼顧氏金氏子一遠威女四孫一贊曰明嘉隆間有陳鐸者以將家子官遼東指揮使工南詞有秋碧樂府世號秋碧先生以校君事何其相類也顧君又知醫兼通星命學則秋碧或不逮歟余嘗卯顧君作書哦曲之法君曰氣盛則慧通識多則用廣鳴呼是藝而進乎道矣

吳梅撰《俞宗海家傳》

08

泖东渔隐图

- 绘画立轴高清复制品
- 尹伯荃、冯超然合绘
- 画芯：108×48cm
- 画作藏中国昆曲博物馆（苏州戏曲博物馆）

图中俞粟庐肖像由尹伯荃绘于1916年俞粟庐七十岁时，风景由冯超然补绘于1926年俞粟庐八十寿辰。

《泖东渔隐图》局部

卬東漁隱圖

栗廬姻丈先生七十小影丙辰春
長洲尹伯荃畫照越十載丙寅
先生八十壽屬馮超然補畫

《泖东渔隐图》

09

《八义记·观画》曲谱折子

- · 手迹
- · 1875年俞粟庐抄录
- · 1998年樊伯炎题诗画，刘讱万题识
- · 11.5×171cm
- · 中国昆曲博物馆（苏州戏曲博物馆）藏

　　该曲谱折子由俞粟庐抄录于光绪元年（1875年）。当时俞粟庐廿九岁，从韩华卿习曲仅三年，是仅存的俞粟庐早期墨迹和习曲见证。后为江苏省戏曲学校教师王正来（1948—2003）收藏。1998年春，王携折子来沪，请俞振飞的挚友樊伯炎（1912—2001）、刘讱万（1914—2011，见展品37）鉴赏。

　　樊伯炎应王正来之邀在折子背面作画并题赵子昂诗：

　　　　石如飞白木如籀，画竹还与八法通。若也有人能会此，始知书画本来同。

　　更述其原委云：

　　　　正来仁兄自苏州来沪上顾余，出示俞粟庐光绪元年手书观画钞本，邀予作画，永志纪念。戊寅仲春澹翁樊伯炎，时年八十七。

　　刘讱万应王正来之邀在折子背面题识：

　　　　粟庐手书昆曲钞本

　　　　长洲正来藏

　　　　戊寅仲春　刘讱万

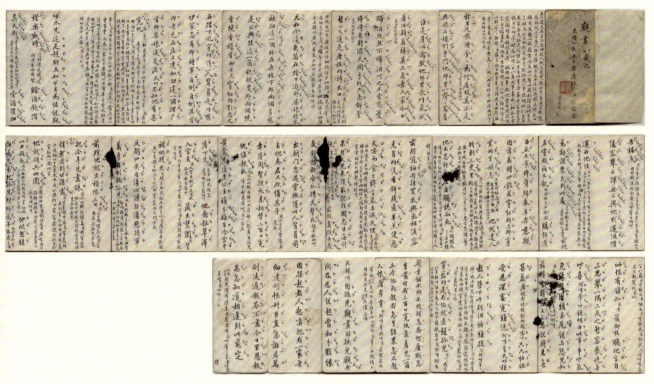

俞粟庐抄录《八义记·观画》曲谱

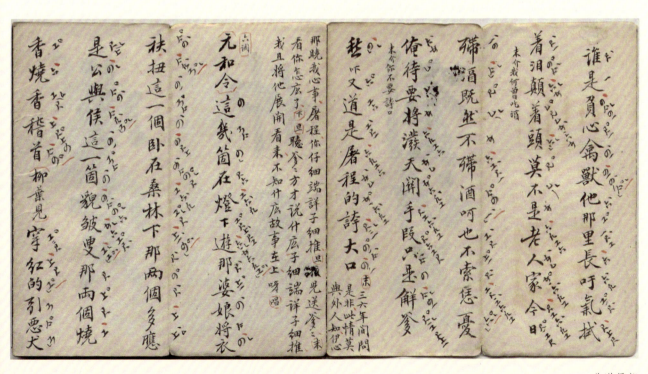

曲谱局部

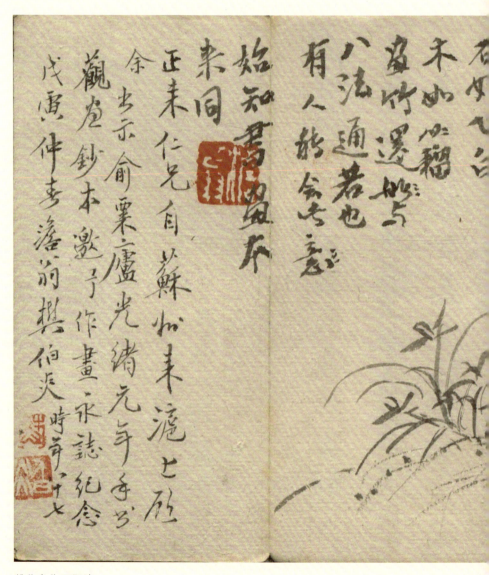

樊伯炎作画题诗

兑書手盧粟

刘讦万题识

10

俞振飞赠岳美缇《度曲刍言》钞本

· 手迹
· 民国时期佚名抄录
· 13×23.5cm
· 岳美缇藏

俞粟庐掇拾清初李渔《闲情偶记》有关唱曲的见解，略加增删成文，总题《度曲刍言》。其重提"曲情"说，重视说白，均为近代首倡。

该抄本为1960年俞振飞赠予岳美缇。抄录文字三种：《度曲刍言》、《魏良辅曲律》及《中国声律之调停与琴之声律》（查夷平撰）。

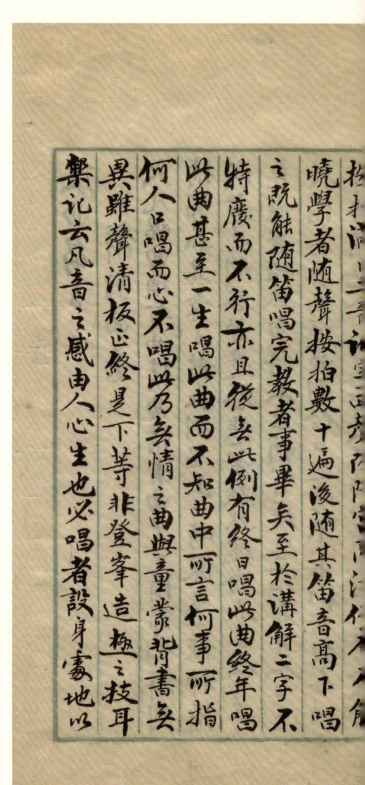

度曲芻言

解明曲意

大凡唱曲須有曲情曲情者曲中之情節也解明
情節知其意之所在則唱出口時儼然一種神情
問者是問答者是答悲者黯然魂消不至及有喜
色懼者怡然自得不至稍有瘁容若其人自述
其情忘其為度曲則啓口之時不求似而自合此
即曲情也今之習曲者不然佁而情樂工之云文理者

钞本《度曲刍言》扉页岳美缇题记

岳美缇（生于1941年），昆剧小生演员。1954年考入华东戏曲研究院昆曲演员训练班（1955年改制为上海市戏曲学校昆曲班），初从朱传茗等习旦角，1958年改习小生，师从沈传芷、俞振飞。1961年8月毕业。

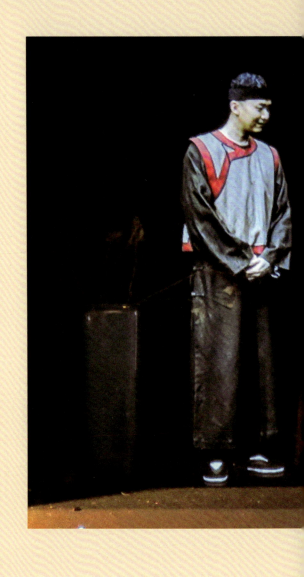

雏凤声清

　　俞振飞在襁褓中即深受俞粟庐念曲、唱曲濡染，六岁无师自通学会《邯郸梦·三醉》【红绣鞋】一曲。俞粟庐大为惊奇，遂以最严格的方式正式教俞振飞唱曲。俞振飞因此练就近世无出其右的唱念功底，令他在日后的演艺生涯中受益终生。

俞振飞6岁首次唱曲情景还原（展品11）

11

雏凤声清

· 幻影成像装置作品
· 2022年上海艺术研究中心制作
· 40×69cm

俞振飞三岁丧母。为使俞振飞入睡，俞粟庐每晚哼唱《邯郸梦·三醉》之【红绣鞋】作为摇篮曲，三年中为他唱了一千多遍。至俞振飞六岁那年，一日俞粟庐在家课徒，拍授的正是这支【红绣鞋】，学生却总学不会。俞振飞在旁随之哼唱，俱能中节。俞粟庐吹笛令俞振飞试唱。从未学过唱曲的俞振飞居然唱得一字不差。俞粟庐大为惊奇。

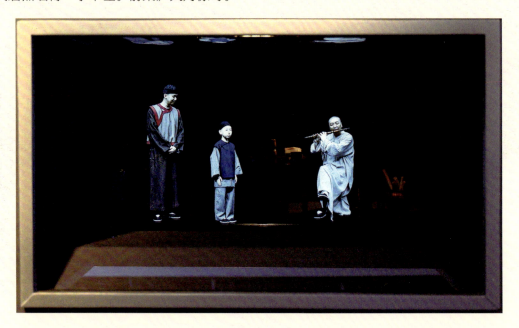

"雏凤声清"幻影成像装置　吴双饰俞粟庐 | 吴禹辰饰俞振飞 | 周喆饰学生

自此，俞振飞每日在俞粟庐带领督促下念曲：五更天明必起床喊嗓，晚间念曲，一支曲子每晚必须高声干念（无伴奏徒歌）50遍至100遍，单曲累计至少300遍，有时达五六百遍，始称满意。是为乾嘉曲师训练方法正宗，经太平天国之役，至清末已鲜有知之、从之者。唯俞粟庐始终遵其典范。少年俞振飞颇以为苦，但也因此练就近世无出其右的唱念功底，令他在日后的演艺生涯中受益终生。十一岁那年，俞振飞又学会了吹笛，俞粟庐课徒授曲，均由俞振飞伴奏。至1914年前后，俞粟庐以年事渐高，出行不便，凡出门授曲之事，皆由俞振飞代行。

"雏凤声清"幻影成像装置采取"实景造型"和"幻影"光学成像相结合的技术，即将演员影像投射到模型景观中，再现俞振飞六岁首次唱曲的情形。

12

耐园雅集图

- 照片复印件
- 1918年摄影
- 载于1918年高山亭编辑《耐园雅集》
- 原照已佚

耐园雅集图

　　王欣甫（1845—1926），名豫熙，浙江海盐人。晚清官僚。好音律、擅昆曲，度曲近五十年，曾任上海知县。后长期寓居海宁，每月在其别墅耐园组织一次曲会。

　　这张照片为戊午（1918）农历八月廿二日潮神节"耐园雅集"合影。计曲家五十八人、笛师五人、诗人词客十人，度曲三天，剧目达六十余折。俞粟庐、俞振飞父子参加了此次盛会。

　　是为现存俞振飞最早的照相资料。前排坐者左一长须者为王欣甫，右三为俞粟庐，第三排中（左六）为俞振飞，俞振飞左手侧脸者为知名曲友、与俞振飞齐名的巾生大家殷震贤（1890—1960），右手为名曲师赵桐寿。

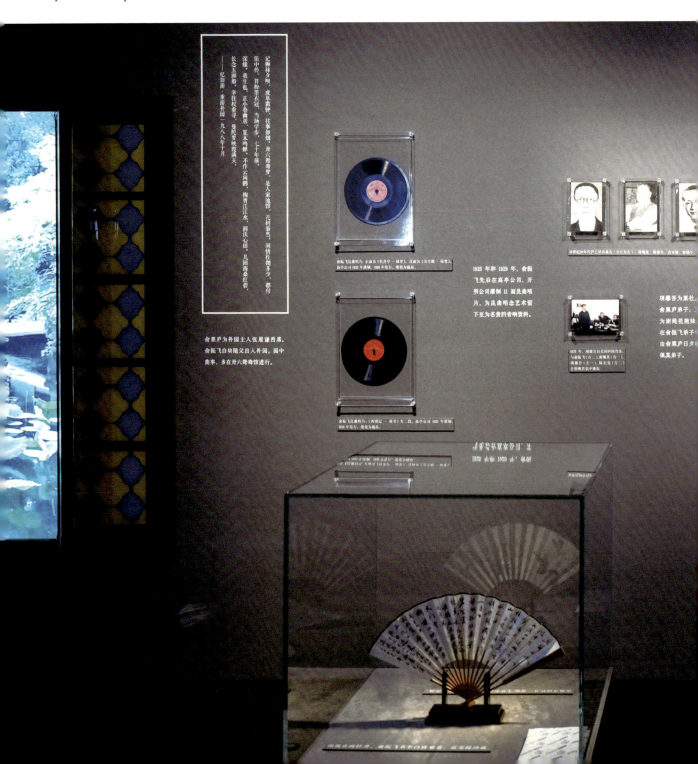

记颦林方唱、庞旦希钟，往事如烟，卅六鸯鸯梦，是人家鸿渐，花前闲憩，闲情任几多，都付节中传，算称黑衣冠，当场学步，七十年前，深绿、我生也，正小巷蜗居，夏禾鸣蝉、不作云间鹤，椆苍江水，渭沃心田、几回海棠红碧，长念五湖船，辛往权重手，曼陀芳映霞满天。

——忆旧游·重游补园 一九八八年十月

俞粟庐为补园主人张履谦西席，俞振飞自幼随父出入补园，园中曲事，多在卅六鸯鸯馆进行。

1925年和1929年，俞振飞先后在高亭公司、开明公司灌制11面昆曲唱片，为昆曲唱念艺术留下至为名贵的音响资料。

俞振飞昆曲唱片：正面为《牡丹亭·惊梦》，反面为《长生殿·疑变》，高亭公司1925年灌制，1928年发行，弥侄为藏品。

俞振飞昆曲唱片：《西楼记·拆书》头、二段，高亭公司1925年灌制，1928年发行，弥侄为藏品。

1979年，湖剧万白先生回国省亲，与俞振飞（右二）、郑传鉴（右一、项馨吾（左一、陆宏亮（左二）在瞻枫宝家中欢聚苏浙昆曲界穆藕初等为创办昆剧传习所彩唱筹款，予延沈月泉老师授以《牡丹亭·惊梦》参加演出。次年传习所成立于苏州五亩园。今穆、沈二先生去世已久，传字辈老艺人尚在者，亦届七十高龄。然南昆赖以不坠，未始非此举之力也。

记曾弦管播春申，似水流年正六旬。

穆沈相逢应抚掌，魏梁遗韵有传薪。

——俞振飞《上海昆曲研习社纪念汤显祖四梦曲会四首之二》（1980）

"度曲沪滨"展墙、展柜

申 江 传 曲

  1920年，上海实业巨子穆藕初为习昆曲，专程赴苏州拜访俞粟庐并师事之。俞粟庐以年事已高，命俞振飞代授。俞振飞遂随穆到沪，在穆氏发起成立的纱布交易所任记室（文书），公余则为穆拍曲。穆藕初更以俞粟庐为号召，成立粟社。俞振飞与曲界名宿徐凌云任曲务主任，更为粟社诸多曲友等授曲。知名者如谢绳祖（1891—1970）、项馨吾（1898—1982）、袁安圃（1904—1963）、翁瑞午（1895—1960）等，均得俞振飞实授，而以谢绳祖胞妹谢佩真（1898—1979）得俞传授最多。自此，昆曲正宗俞家唱的重心渐由苏州转移至上海。

穆藕初

　　穆藕初（1876－1943），名湘玥，字藕初。中国近代实业家。上海杨思镇人。1889年入上海棉花行当学徒，以夜校学习英文考入江海关，又转任上海龙门书院教习、江苏铁路公司警务长等职。1909年赴美，先后入威斯康星大学及伊利诺伊大学留学，1914年获得克萨斯农工大学农学硕士学位回国。1915—1920年间，他引进美国泰罗的科学管理制度，在上海、郑州创办多家先进纱厂，并创办棉种试验场，发起成立上海华商纱布交易所，为上海工商界巨子。1928年后弃商从政。业余习昆曲。1920年起师事俞粟庐，出资为俞粟庐灌制十三面钻针唱片，并参与发起创办昆剧传习所，为传习所最主要的赞助人，近代昆剧传承的大功臣。

13

《穆藕初先生与昆曲》

- 抄件复写本，墨笔涂改
- 1947年俞振飞撰文，抄者待考
- 4张，每张20×30cm，对折为2页，总计7页
- 中国昆曲博物馆（苏州戏曲博物馆）藏

　　本文撰于1947年7月6日穆藕初先生追悼会后，系俞振飞应《穆藕初先生集》征文而作。文集因故未完成。文章初稿删节后发表于《半月戏剧》第六卷第七期（1947年12月1日出版），而原文长期无闻。

　　后穆藕初长子穆伯华据俞振飞原稿抄赠张寿鹏；资深曲友贝祖武又据张寿鹏所持穆伯华抄件重抄，登载于《苏州文史资料选辑》第八辑（1982年12月中国人民政治协商会议江苏省苏州市委员会文史资料研究委员会编，内部发行），其文字、句读与此抄件复写本有所出入。尤为显著者，该复写本多处墨笔涂改，将多处原本正确的"板"字改成"版"字，当系出自昆曲门外汉之手，决非资深曲友如贝祖武所为；而《苏州文史资料》铅印版均作"板"，当系贝祖武重抄时为之订正。因知该抄件复写本不是出自贝祖武之手。至于是否就是穆伯华所抄之复写本，尚待查证。

《穆藕初先生与昆曲》抄件复写本

14

项馨吾与俞振飞、谢佩真、陈宏亮曲叙留影

· 照片扫描复制件

· 摄于1978年

· 原照5吋，已佚

    1978年，项馨吾自美国回国省亲，与俞振飞等在谢佩真家中曲叙。图中自左向右为：项馨吾、陈宏亮、俞振飞、谢佩真。

    项馨吾为粟社成员，20世纪20年代与俞振飞结识，俞粟庐弟子，工旦，与俞振飞交厚。谢佩真为谢绳祖胞妹，是俞振飞最早弟子，工生，在俞振飞弟子中，随俞习曲时间最久，后又由俞粟庐日夕拍授，造诣最深。陈宏亮为谢佩真弟子。

项馨吾与俞振飞、谢佩真、陈宏亮曲叙留影

15

谢佩真画、俞振飞书赠岳美缇扇箕

· 折扇
· 作于1978年
· 正面谢佩真绘牡丹，背面俞振飞书李白七绝三首
· 高24cm，展开40cm
· 岳美缇藏

谢佩真绘牡丹

1978年俞振飞、谢佩真赠此扇于岳美缇。

一面为谢佩真绘牡丹，题：

记得沉香亭北事

淡烟疏雨上阑干

美缇同学 雅拂

戊午清秋谢佩真

另一面为俞振飞书李白七绝三首，题：

右录李白七绝三首

美缇同学属书

七十七叟 俞振飞

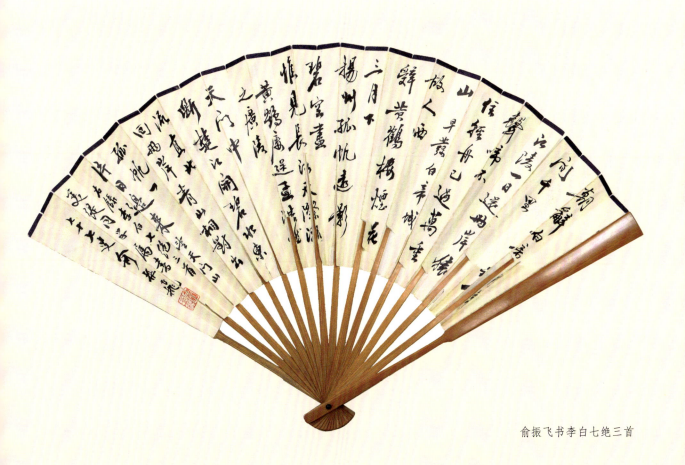

俞振飞书李白七绝三首

16

俞振飞昆曲唱片两种

· 黑胶唱片
· 高亭公司1925年灌制，1926年发行
· 2张，唱片直径25cm
· 柴俊为藏

俞振飞《西楼记·拆书》头二段（两面A26010a-b）

俞振飞《牡丹亭·惊梦》（正面A26011）、《长生殿·惊变》（反面A26012）

　　1925年及1929年，俞振飞先后在高亭公司和开明公司灌制了11面唱片，计有《牡丹亭·惊梦》、《长生殿·惊变》、《西楼记·拆书》、《玉簪记·琴挑》（与项馨吾）、《牡丹亭·叫画》、《长生殿·小宴》、《连环记·梳妆》、《琵琶记·赏荷》、《牧羊记·望乡》共9种。是为俞振飞"下海"前留下的声响资料，代表最纯正的"俞家唱"典范。

演剧开端

　　俞振飞十四岁即在苏州与张紫东彩串《牧羊记·望乡》，来上海后，也多次参加曲友彩串演剧活动。据俞自述，那时候的演戏其实是"摆戏"，身段表演尚不讲究。1921年夏，俞振飞为参加昆剧保存社襄助昆剧传习所的义演，开始系统学习身段表演，并于次年2月10—12日，在夏令配克戏院（即后来的新华电影院，已拆）参与义演。三日先后演出《狮吼记·跪池》《雷峰塔·断桥》《连环记·小宴》三出折子戏，深受好评。是为俞振飞演剧生活真正开端。

沈月泉

　　沈月泉（1865—1936），本名全福，一作泉福。原籍吴兴（湖州），出身于无锡洛社。清末民初全福班小生名角，有小生全材之称。1921年任昆剧传习所首席教师，主教小生行。常为曲友"踏戏"（教戏），知名曲友如张紫东、贝晋眉、王莼民等的身段、台步均得其传授。1921年夏，为参加次年举办的江浙名人昆剧会串义演，俞振飞开始向沈月泉系统学习昆剧身段表演，为日后从艺打下基础。

17

昆剧保存社江浙名人昆剧会串义演首场广告

· 报纸影印件
· 原载1922年2月9日《申报》
· 选自上海艺术研究中心藏上海书店1984年版《〈申报〉影印本》

1922年2月9日《申报》登载昆剧保存社为赞助昆剧传习所，假座夏令匹克戏院举办江浙名人昆剧会串义演2月10日晚首场戏码，俞振飞与徐镜清、张紫东合演《狮吼记·跪池》。

昆剧保存社江浙名人昆剧会串义演首场广告

初识梅程

1923 年 12 月，梅兰芳第三次来沪演出，在上海江海关监督姚文数宴席上，俞氏父子与梅兰芳同席，主人请梅唱昆曲，梅以俞栗庐在，坚辞不敢，并力邀俞栗庐唱曲，俞栗庐盛情难拂，遂令俞振飞吹笛，唱了《红梨记·亭会》[桂枝香]。梅兰芳感叹："我今天听到了真正的昆曲。"1932 年，俞振飞在沪任暨南大学讲师期间，更由迁居上海的梅兰芳邀请，为梅将其旧日在京所学昆曲一一重拍，并为之拍授《西游记·认子》。

1934 年 2 月《申报》登载梅兰芳参加昆剧保存社 23 日公演广告，是为梅兰芳、俞振飞首次舞台合作。

1934 年 2 月 23 日梅兰芳参加昆剧保存社公演，在新光大戏院与俞振飞、王洁（女）演出《游园惊梦》，图为梅兰芳、王洁当日《游园》剧照。

1923 年 10 月 23 日《申报》预告 24 日晚俞振飞与程艳秋合演《游园惊梦》，是为俞振飞与程艳秋首次……

1952 年、1954 年初版《舞台生活四十年》第一、第二集，梅兰芳述，许姬传、许源来记，上海图书馆藏书。

俞振飞手稿《唱念……》，其与程艳秋结识……

梅兰芳在书中回忆了 30 年代在沪期间向俞振飞学习昆曲唱念的往事。

予与梅兰芳、程砚秋两同志先后皆以合演《惊梦》而订交……老友先我而去，念之慨然。

平生知契数程梅，粉墨因缘梦作媒。

总是临川词采好，珠喉拗折见奇才。

——俞振飞《上海昆曲研习社纪念汤显祖四梦曲会四首之三》（1980）

"初识梅程"展墙

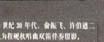

左一吹笛者为俞振飞，右一为程砚秋，中坐吹笛者为许伯遒（1902—1963，曲友，善笛，其笛艺与俞振飞齐名）。

世纪30年代，俞振飞、许伯遒二为程砚秋唱曲双笛伴奏留影。

述近代实业家陈叔通在藏品。

梅兰芳（左）、程砚秋（右）

1923年9月，程砚秋（时名艳秋）第二次来沪，在丹桂第一台演出，有意上演昆曲戏《牡丹亭·游园惊梦》，却缺少能饰演柳梦梅的小生演员。实业家陈叔通力荐时为青年票友的俞振飞出演此角，并通过江海关监督姚文敷代为相邀，又经穆藕初力促，俞振飞在获得俞粟庐准许后，与程艳秋首次合作演出《游园惊梦》。二人自此订交，成为艺术上的知己。日后，尤其是在30年代程、俞合作期间，程向俞学习昆曲俞家唱法。由于程、俞艺术交流最为密切，在整个京剧界，程的昆曲唱功造诣最为精深。

初识梅程

……予与梅兰芳、程砚秋两同志先后皆以合演《惊梦》而订交。老友先我而去，念之慨然。

平生知契数程梅，粉墨因缘梦作媒。

总是临川词采好，珠喉拗折见奇才。

——上海昆曲研习社纪念汤显祖四梦曲会四首之三

程俞知契

　　1923年9月，程砚秋（时名艳秋）第二次来沪，在丹桂第一台演出，有意上演昆曲戏《牡丹亭·游园惊梦》，却缺少能饰演柳梦梅的小生演员。实业家陈叔通力荐时为青年票友的俞振飞出演此角。程请陈通过江海关监督姚文敷代为相邀。经穆藕初力促，俞振飞在获得俞粟庐准许后，与程砚秋首次合作演出《游园惊梦》。二人自此订交，成为艺术上的知己。日后，尤其是在20世纪30年代程、俞合作期间，程向俞学习昆曲俞家唱法。由于程、俞艺术交流最为密切，在整个京剧界，程的昆曲唱功造诣最为精深。

20世纪30年代，程砚秋、俞振飞《牡丹亭·惊梦》剧照

18

程艳秋、俞振飞丹桂第一台合作演出广告

· 报纸影印件
· 原载1923年10月23日《申报》
· 选自上海艺术研究中心藏上海书店1984年版《〈申报〉影印本》

程艳秋、俞振飞丹桂第一台合作演出广告

　　1923年10月23日《申报》预告24日晚俞振飞以"爷台客串"（即曲友演戏）名义与程艳秋合演《游园惊梦》。此次演出为程、俞订交之始。

　　程砚秋（1904—1958），京剧名旦。幼从荣碟仙学艺，初名"艳秋"。1917年拜梅兰芳为师，并深受王瑶卿（1881—1954）教益。20世纪20年代，与梅兰芳、尚小云、荀慧生被舆论评为"四大名旦"。其艺术影响巨大，世称"程派"。1932年改名"砚秋"。

19

《略谈我和叔通先生的友谊》

- 俞振飞手稿
- 约1989年
- 3页，每页19×27cm
- 上海艺术研究中心藏（唐葆祥捐赠）

《略谈我和叔通先生的友谊》手稿

　　该稿系20世纪90年代俞振飞为唐葆祥作，未刊。文中回忆了近代实业家陈叔通（1876—1966）在其与程砚秋结识合作过程中的贡献。

顾 曲 揖 梅

　　1923年12月，梅兰芳第三次来沪演出。上海江海关监督姚文敷设宴款待，俞氏父子与梅兰芳同席。主人请梅兰芳唱昆曲，梅以俞粟庐在，坚辞不敢，并力邀俞粟庐唱曲。俞粟庐盛情难拂，遂令俞振飞吹笛，唱了《红梨记·亭会》【桂枝香】。梅兰芳感叹："我今天听到了真正的昆曲。"

　　1932年，迁居上海的梅兰芳邀请俞振飞为之拍曲，研习甚勤。1934年2月23日，俞振飞与梅兰芳在昆剧保存社曲友组织会串公演中合演《牡丹亭·游园惊梦》。是为二人首次舞台合作。

二月廿三晚八時起

喬識君君　徐烈丞君　王赤民君　龐京周君　丁趾祥君　張昭誠君　顧傳玠君　殷震賢君　項馨吾君　張紫東君　姚競存君　姚東宇君　王潔女士　王得天君　梅蘭芳君　俞振飛君　秦通理君　張昭誠君

水滸記　邯鄲夢　連環記　西廂記　繡襦記　牡丹亭

水滸記——夜奔
邯鄲夢——雲陽、法場
連環記——小宴、問探
西廂記——佳期
繡襦記——打子
牡丹亭——學堂、遊園、堆花、驚夢

二月廿四晚八時起

孫頑石君　張昭誠君　潘祥生君　王潔女士　姚競存君　徐得予君　梅蘭芳君　俞得予君　殷震賢君　項馨吾君　王鼎民君　梅蘭芳君　俞振飛君　王得天君

三國志　鐵冠圖（明末遺恨）　南柯夢　金雀記　雷峯塔

三國志——刀會
鐵冠圖（明末遺恨）——別母、亂箭、分宮、刺虎
南柯夢——瑤臺
金雀記——喬醋
雷峯塔——斷橋

俞振飞与梅兰芳首次合作演出昆曲折子戏广告（展品20局部）

20

昆剧保存社假座新光大戏院公演广告

· 报纸影印件
· 原载1934年2月23日《申报》本埠增刊
· 选自上海艺术研究中心藏上海书店1984年版《〈申报〉影印本》

昆剧保存社假座新光大戏院公演广告

　　1934年2月，昆剧保存社曲友组织会串公演，梅兰芳应邀参加。《申报》连日登载戏码广告。23日，俞振飞与梅兰芳在新光大戏院合演《牡丹亭·游园惊梦》，次日合演《雷峰塔·断桥》《南柯记·瑶台》。

　　梅兰芳（1894—1961），京剧名旦。梨园世家，师从吴菱仙、乔蕙兰、陈德霖、路三宝等京昆旦行前辈，并多受王瑶卿教益。20世纪20年代，与程砚秋、荀慧生、尚小云被舆论评为"四大名旦"。其艺术影响巨大，为整个京剧界领衔人物，有伶界大王之称。梅兰芳十分重视昆曲，在昆曲演出苟延残喘的20世纪上半叶，常于营业戏中上演昆曲，对维系昆曲的社会影响力贡献卓著。

21

初版《舞台生活四十年》第一、第二集

· 书籍

· 梅兰芳述，许姬传记

· 1952年、1954年平明出版社

· 2册，第一集13.1×20.4，第二集14.9×20.4cm

· 上海图书馆藏

初版《舞台生活四十年》第一集（右）、第二集（左）封面

《舞台生活四十年》第一集图版两页：（梅兰芳）请益过的师友

陈德霖 | 钱金福 | 王瑶卿 | 李寿山 | 乔蕙兰 | 丁兰荪 | 陈嘉梁 | 俞振飞 | 许伯遒

梅兰芳在书中回忆20世纪30年代在沪期间向俞振飞学习昆曲唱念的往事:

　　有一天，你们昆仲三位[指许姬传、许源来、许伯道]，同了俞五爷来看我。见了面，说完了一些彼此仰慕的客套话。正巧令弟[指许伯道]带了笛子，就请俞五爷给我吹了两支游园里【皂罗袍】和【好姐姐】的曲子。这是我第一次听到他的绝技。笛风、指法、和随腔运气，是没有一样不好的。这【皂罗袍】里的"雨丝风片"的"风"字，我在北方唱的工谱比南方的高些。那天俞五爷是初次给我吹，随了我的腔也吹高的，一点都不碰。吹完了，你们几位不还称道他善于应变吗……我想请教俞五爷的昆曲，他说："闺门旦贴旦的曲子，大半你都学过的。我举荐一套《慈悲愿》的《认子》，这里面有许多好腔，就是唱到皮黄，也许会有借镜之处。"我接受了他的提议，就请他常来教我。这套《认子》学会了，的确好听。我们这个研究昆曲的小团体里，加上了俞五爷，更显得热闹。那一阵我对俞派唱腔的爱好，是达于极点的了，我的唱腔，也就有了部份的变化……

　　俞派的唱腔，有"啜、叠、撒、㬠、撮"五个字的诀窍。讲究的是吞吐开阖，轻重抑扬，尤其重在随腔运气，的确是有传授的玩意儿。我跟他们研究之后，虽说不能很深刻地全部了解，就拿已经体会到的，运用在表达感情方面，似乎比从前又丰富了一些……总结起来说，俞腔的优点，是比较细致生动，清晰悦耳。如果配上了优美的动作和表情，会有说不出的和谐和舒适。凡是研究过俞腔的，我想都有这种感觉吧。

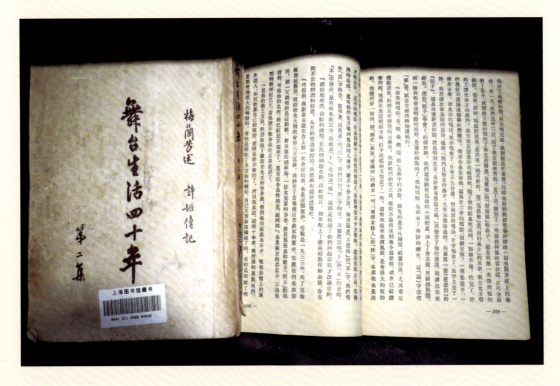

叁

艺兼昆黄

　　记得三十年代初，我自愿选择戏曲演员作为终身职业的时候，是承受了当时社会舆论强大压力的。但我酷爱京剧和昆剧艺术，我顶住了这种压力，把自己的命运同这两个剧种紧紧连在一起了。

——俞振飞《在"俞振飞演剧生活六十年纪念大会"

上的致答词》（1980）

菊部生涯

一九三零年，严亲弃养，砚秋促余更力。余提出从学程继先师为条件，砚秋慨允作介。遂于是年冬季赴北京，拜师学习京剧。

罡风烈日弃椿庭，丝竹遗音世外听。
立雪程门不遂愿，磨砻许我发新硎。

——俞振飞《八十自寿组诗其十一》（1981）

"菊部生涯"（"京"）展柜

初 学 京 剧

1920年，俞振飞移居上海，逐渐对京剧发生兴趣，萌生了学习京剧的念头。先学京剧老生，后经友人建议，拟改习小生，苦于未遇合乎心意的良师而未果。1923—1924年，梅兰芳第三次来沪演出，所演《奇双会》（又称《贩马记》）一剧给俞振飞留下深刻印象。俞遂与沪上名票翁瑞午商议学演此剧。二人乃问艺于京朝派小生名师蒋砚香，首演于1924年。是为俞振飞第一个京剧剧目。此后，俞振飞又向蒋砚香学了几十出京剧小生戏。

俞振飞又建议昆剧传习所学员学演《贩马记》，仍由蒋砚香教授，俞振飞则帮助辅导生旦二角，使《贩马记》一剧成为后来传字辈艺人用以号召市场的保留剧目。日后俞振飞下海立足京剧界，则以该剧奠定其剧坛地位，有"活赵宠"之誉，一生演过此剧达两千多场。自梅兰芳、程砚秋以下，与之合作演出此剧的更有众多知名旦角演员。

22

《仙霓曲谱全部贩马记》

- 书籍
- 1940年怡社剧艺组出版
- 13×18cm
- 上海艺术研究中心藏

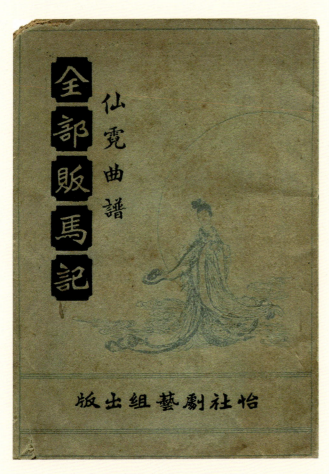

《仙霓曲谱全部贩马记》封面

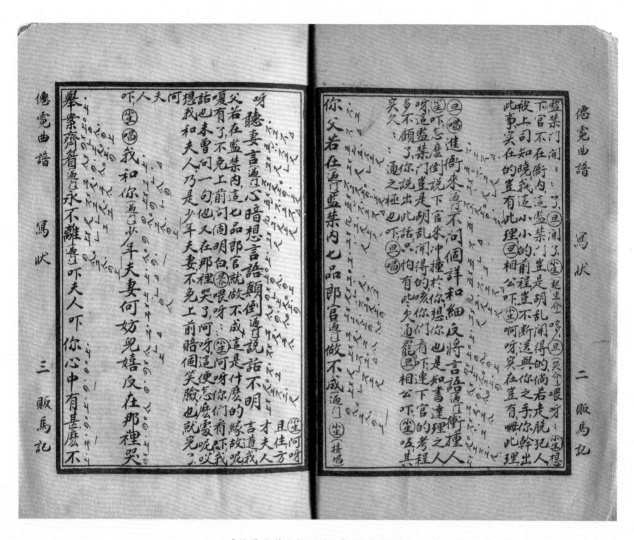

《仙霓曲谱全部贩马记》之《写状》

　　昆班原本并无《贩马记》（《奇双会》）一剧，其有该剧，自传字辈艺人始。传字辈之学得该剧，实因俞振飞介绍京剧名师蒋砚香传授。由于《贩马记》词句情节通俗，不像昆剧那样深奥，因而成为日后传字辈昆班用以谋生营业的保留剧目，也是他们最受普通观众欢迎的剧目，以至于流俗常误谓《贩马记》为昆剧。

　　怡社为20世纪40年代上海一家私人电台。1940年，传字辈艺人以"仙霓社"名义在该电台播音，电台为之印行《全本贩马记》曲谱。

23

黄金大戏院黄桂秋、俞振飞、芙蓉草等合演《全部贩马记》戏单

· 印刷品
· 1946年8月
· 36×13cm
· 上海艺术研究中心藏

正面

背面

　　俞振飞在其日后数十年职业京剧生涯中，以《奇双会》（《贩马记》）一剧奠定其剧坛地位。各路旦角贴演此剧，多以邀约俞振飞演赵宠为幸。与俞振飞合作演出此剧的知名旦角，梅兰芳、程砚秋以外，更有南铁生、新艳秋、侯玉兰、黄桂秋、李玉茹、言慧珠、张君秋、李蔷华等。

　　黄桂秋（1906—1978），京剧名旦。生于北京。1927年以票友身份下海，拜青衣前辈陈德霖（1862—1930）为师。1941年后定居上海，常与纪玉良、姜妙香、俞振飞、芙蓉草（赵桐珊）等合作演出，深获周信芳（1895—1975）的赏识与帮助，有"青衣首席""江南第一旦"之称。世称"黄派"。

立雪程门

　　程砚秋（时名艳秋）、俞振飞首度合作后，程视俞振飞为小生最佳人才，劝说俞振飞下海唱戏。俞以其父俞粟庐反对而不允。1930年春，俞粟庐仙逝。同年秋，程艳秋来沪演出，再次登门力促俞振飞下海。俞以必须拜程继先为师为条件方允。程艳秋回北平，立即与程继先疏通。程继先向不收徒，闻说俞振飞有意拜他为师，竟破例应允。俞振飞遂于是年冬赴北平拜师，立雪程（继先）门，同时加入程艳秋之鸣和社，下海成为职业京剧演员。次年因故回沪，任暨南大学文学院讲师。1934年，程砚秋三度盛邀俞振飞赴北平加盟其鸣和社。俞遂放弃教职赴北平二度下海，开启与程砚秋合作的黄金时期。

程继先

程继先（1874—1942），号振庭，京剧小生大家。前三鼎甲之首程长庚之孙，程章圃之子。幼入梅兰芳外祖父杨隆寿创办主持的小荣椿科班学艺，先学老生，后改小生，打下三十出昆剧基础，故其京剧的念白、身段、武功根基均极深厚。出科后不久，一度辍演，入恭王府当差，辛亥革命后重返舞台。以念白、身段、武功见长，其雉尾生、扇子生、官生、穷生和武小生的表演均臻于极致，尤为内行所折服。代表作有"三会一探"（《群英会》《临江会》《奇双会》《石秀探庄》）等。

24

程砚秋剧团在黄金大戏院演出戏码广告

· 报纸影印件
· 原载1935年12月14日《申报》
· 选自上海艺术研究中心藏上海书店1984年版《〈申报〉影印本》

　　1935年12月至翌年1月程砚秋剧团在上海黄金大戏院公演。俞振飞与金少山、芙蓉草（赵桐珊）并列三牌。是为俞振飞赴北平下海从艺后首次返沪公演。

　　当时京剧戏班惯例，头牌老生或旦角，二牌旦角或老生，三牌武生或花脸，小生向无列三牌者。俞振飞加入程剧团，首开小生与花脸、二旦或武生并列三牌之例，为小生行当赢得了地位。

　　广告附《有口皆碑 空前妙奏》短文，引述有关"本届三大名角"程砚秋、谭富英、俞振飞之"公评"，称"俞振飞君家学渊源，根底极深，一鸣惊人，自在意中。妙在能利用昆剧精粹，融会于皮黄之中。态度之儒雅，尤非常人所能企及。"

程砚秋剧团在黄金大戏院演出戏码广告

25

《戏剧旬刊》第三期

- 刊物
- 张古愚主编
- 上海国剧保存社1936年1月25日出版
- 18.5×26cm
- 上海艺术研究中心藏

程砚秋、俞振飞《春闺梦》剧照
程砚秋饰张氏 | 俞振飞饰王恢

　　该期杂志封面为程砚秋、俞振飞《春闺梦》。《春闺梦》为程派代表剧目，取义于杜甫《新婚别》及陈陶《陇西行》"可怜无定河边骨，犹是春闺梦里人"。述汉末军阀混战，壮士王恢被强征入伍阵亡，其妻张氏，终日在家伫盼，积思成梦，见王恢解甲归来，正欢欣之际，忽又梦见战场惨状，蓦地惊醒，才知都是梦境。该剧1931年创排首演，效果不甚理想。1934年俞振飞加盟鸣和社后，化用《惊梦》及其他昆曲身段，令该剧脱胎换骨，其影响之大，以至于人多误谓《春闺梦》为程、俞创排。

26

橘粉色男褶子

- · 传统戏曲服装
- · 20世纪30年代俞振飞戏服
- · 上海艺术研究中心藏

正面

背面

    这件褶子即展品25杂志封面剧照中俞振飞在京剧《春闺梦》中饰王恢所穿。剧照原为黑白照，封面照片经染色将这件褶子染成浅蓝，系出于臆想。实物为橘粉色，背面有破损。现衣领斜襟花色与剧照不同，当为旧襟破损后重做补缀。

27

《十日戏剧》第一卷第六期

- 刊物
- 张古愚主编
- 上海国剧保存社1937年5月10日出版
- 18.5×26cm
- 上海艺术研究中心藏

《十日戏剧》第一卷第六期封面：
俞振飞《辕门射戟》剧照

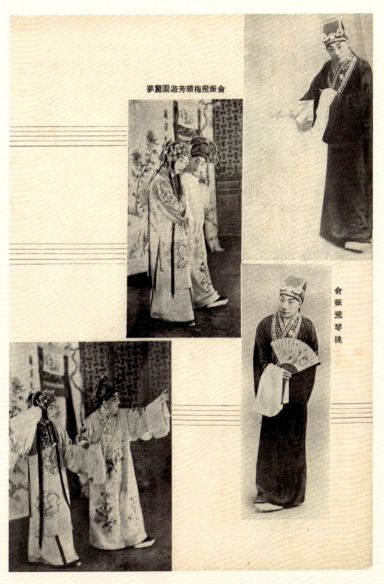

俞振飛梅蘭芳遊園驚夢

俞振飛琴挑

《十日戲劇》第一卷第六期內頁：
俞振飛《琴挑》及與梅蘭芳《驚夢》劇照

鼎足势成

俞振飞下海时已年届三十，缺乏腰腿幼功。程继先叮嘱俞振飞必须有一出武戏，才能在剧坛立足。俞振飞苦练武功，常以《岳家庄》一剧演开场，获得内行的认可。

同时，他扬长避短，主攻文戏，多从念白、面部表情及身段动作上下功夫，从而与姜妙香、叶盛兰三足鼎立，各擅胜场。姜、俞、叶三人恰巧都属虎，年齿各差一轮，后世戏称"小生三虎"。三虎中，姜、叶均为自幼学戏内行出身，俞振飞则以业余票友出身，下海从艺，而与姜、叶相颉颃，在大师名角灿若繁星的鼎盛时期的京剧界占有一席之地。

姜妙香

俞振飞

叶盛兰

　　姜妙香（1890—1972），京剧名小生。初习青衣，颇有声名。不幸因病辍演，廿一岁以惊人毅力改习小生，师从冯蕙林、陆杏林、茹莱卿。长期与梅兰芳合作，于皮黄小生创腔方面最有建树，从学、私淑者甚多，世称"姜派"。

　　叶盛兰（1914—1978），京剧名小生。幼入富连成盛字科坐科学艺，初习旦角，后改小生，得茹富兰悉心传授。1930年出科，后拜程继先为师，为俞振飞师弟。文武兼备，享誉南北，世称"叶派"。

28

俞振飞致徐希博书信

· 手迹
· 1973年5月3日
· 19×27cm
· 唐吉慧藏

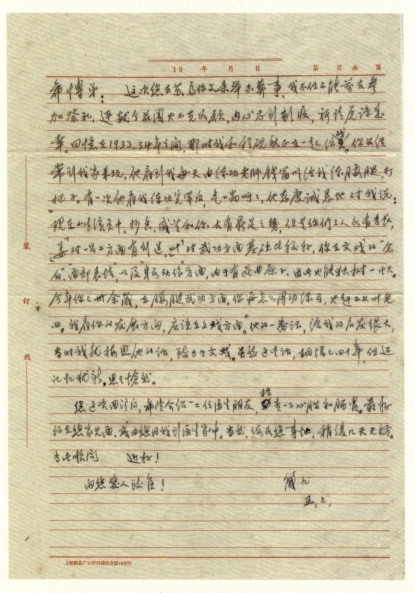

俞振飞致徐希博书信

俞振飞与徐子权20世纪30年代在天津合影

　　俞振飞信中回忆,一次徐子权去北平看望俞振飞,见钱富川为俞练功打把子,事毕俞累得气喘吁吁。徐子权替俞分析说:"现在的小生,姜妙香、叶盛兰和你,大有鼎足之势。但是你们三人各有专长:姜的唱工多有创造,叶的武功基础较好,而你在文戏的念白、面部表情、以及身段动作方面,由于有昆曲底子,因此也能独树一帜。今年你已卅余岁,在腰腿武功方面,你再怎么用功练习,也赶不上叶老四(即叶盛兰)。我看你的发展方向,应该在文戏方面。"俞振飞听从徐子权建议,虽不放弃武戏,但更加专心致力于文戏。姜六(妙香)、俞五(振飞)、叶四(盛兰)三位名小生,各有所长,渐成鼎足之势。

　　徐子权(1905—1968),曲友、名票。原籍浙江海宁,生于上海。学名德舆,别名萤窗。昆曲大家徐凌云次子。国立交通大学毕业。中华人民共和国成立前后,在中航保险公司工作。八岁习曲,九岁登台。研习昆曲从未稍辍,工副丑,兼老生。与俞振飞相交甚笃。1956年应江苏省戏曲训练班聘为教师,1960年调江苏省苏昆剧团。

29

《纪名小生俞振飞》

- 报纸文章复印件
- 原载1940年11月30日《申报》
- 选自上海艺术研究中心藏上海书店1984年版《〈申报〉影印本》

《纪名小生俞振飞》

1940年11月30日《申报》载署名"华"之《纪名小生俞振飞》，述俞振飞"以年巳而立，练功吊腿，骨骼已硬，觉难有成就，二年后改学文戏，研究面部表情，进步甚速"。

30

黄金大戏院戏单

- 印刷品
- 1943年9月20日
- 26×12cm
- 上海艺术研究中心藏

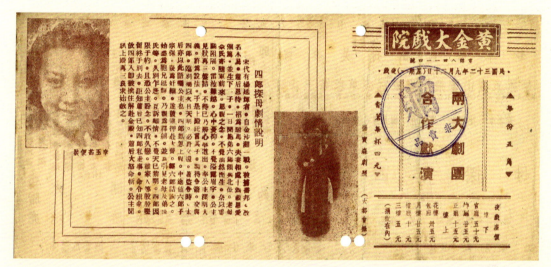

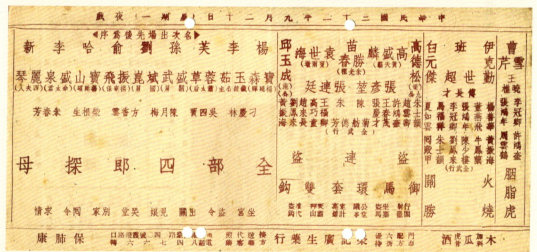

黄金大戏院戏单正反面

1938年俞振飞脱离程砚秋的秋声社后，仍常以头路小生的身价与各路旦角、老生合作。1940年返沪，长期以头路小生身份担任黄金大戏院基本演员。

31

俞振飞抄京剧《孔雀东南飞》小生单片

- 手迹
- 1949年5月11日俞振飞抄录
- 7张，每张28×41cm
- 唐吉慧藏

俞振飞在黄金大戏院担任基本演员期间，常以头路小生的身价与各路旦角合作。当时挑班旦角各以新编私房本戏争奇斗艳，俞经常是拿到新戏本子两三天就要上台，内行称为"攒锅"。由于他具有文墨功底，因而能在理解剧本整体结构的基础上迅速记忆，其"攒锅"承应新编戏，总能胜任愉快，被人戏称为"攒锅大王"。

《孔雀东南飞》是20世纪30年代中期陈墨香据汉乐府《焦仲卿妻》创作的旦角本戏，经王瑶卿改编，交付中华戏曲职业学校（程砚秋任校长）的学员演出。剧中配角焦仲卿初由老生王和霖扮演。俞振飞看过剧本，认为老生扮演焦仲卿不合适，建议改由小生应工。遂由俞振飞弟子储金鹏扮演焦仲卿，俞振飞为之指导。40年代初期，俞振飞又多次亲自"攒锅"，为王玉蓉、吴素秋、李玉茹等旦角演员配演该剧小生。1949年5月，李玉茹在上海中国大戏院贴演《孔雀东南飞》，俞振飞以二牌配演焦仲卿。俞振飞怕多年未演此剧，有些生疏，于是抄录该剧焦仲卿单片（即剧本中焦仲卿场次部分）。

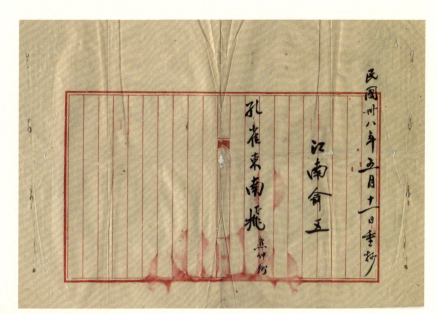

俞振飞抄京剧《孔雀东南飞》小生单片

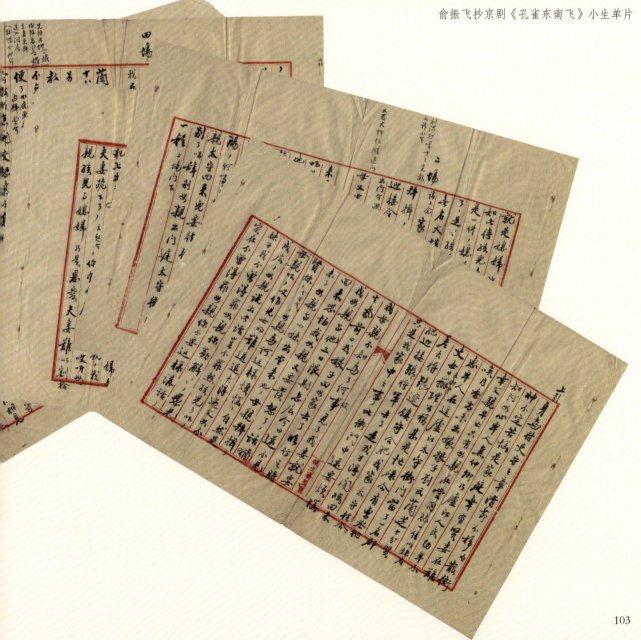

梅边姜俞

　　1945年抗战胜利，俞振飞助蓄须辍演八年的梅兰芳复出，梅盛邀俞加入梅剧团，俞之身价更隆。梅剧团原有名小生姜妙香，俞加入后，姜、俞两名当代最著名的小生一齐辅佐梅兰芳。二人互相尊重，不争位次，"同行是亲家"，传为美谈。

1946年梅剧团演出京剧《奇双会》之《团圆》一场剧照
梅兰芳（左二）饰李桂枝 | 俞振飞（右一）饰头路小生赵宠
李宝櫆（右二）饰李奇 | 姜妙香（左一）饰二路小生饰保童

32

《奇双会》曲谱

- · 书籍
- · 1945年11月印行
- · 13×19.5cm
- · 上海艺术研究中心藏

《奇双会》曲谱封面

1945年11—12月，梅兰芳复出公演。因八年辍演，梅兰芳嗓音骤难恢复，遂依俞振飞建议，贴演昆曲折子戏及京剧吹腔戏《奇双会》，均为笛子伴奏，音区较低。公演期间发售《粟庐曲谱》抽印单行本三册四出及《奇双会》曲谱，均由梅兰芳题签，庞国钧缮写唱白，俞振飞填写工尺板眼。

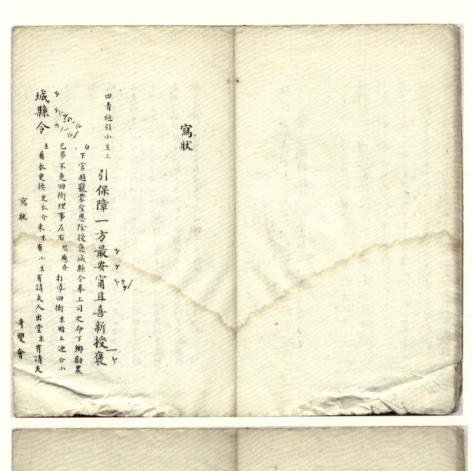

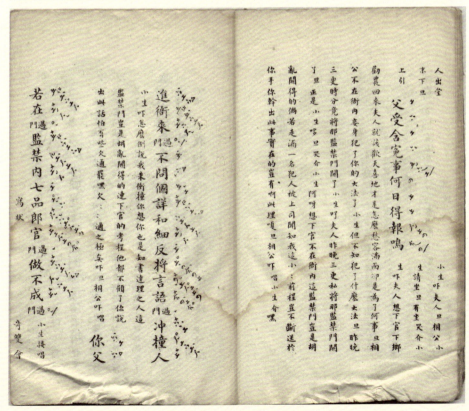

《奇双会》曲谱之《写状》

33

梅兰芳剧团演出广告

· 报纸影印件

· 原载1946年4—5月《申报》

· 选自上海艺术研究中心藏上海书店1984年版《〈申报〉影印本》

梅兰芳剧团演出广告

1946年梅剧团演出《宇宙锋》之《金殿》一场剧照
梅兰芳（左三）饰赵艳容｜俞振飞（左二）为之充当二路小生饰胡亥

　　1946年4—5月，梅兰芳剧团在南京大戏院（今上海音乐厅）、皇后大戏院
（今和平影都）演出。4月26日，俞振飞正式加盟梅兰芳剧团。梅剧团由此坐拥姜
妙香、俞振飞两名头路小生。姜、俞两人戏码平衡，共同辅佐梅兰芳。

34

天蟾舞台演出广告

· 报纸影印件
· 原载1947年1月18日《申报》
· 选自上海艺术研究中心藏上海书店1984年版《〈申报〉影印本》

天蟾舞台演出广告

1947年新春程砚秋、俞振飞在天蟾舞台合作演出剧照
1.《金锁记》（即《六月雪》）| 2.《三堂会审》| 3.《碧玉簪》

　　1946年冬，程砚秋、谭富英、叶盛兰莅沪演出，次年1月期满，谭富英、叶盛兰离沪。天蟾舞台挽留程砚秋于旧历新年期间与李少春续演一期。程以小生必须俞振飞为条件，才许续演。在程砚秋的坚持下，俞振飞以包银4000万元的身价与程砚秋再度联袂，在天蟾舞台连演月余，轰动一时。是为俞振飞1938年脱离秋声社后与程砚秋最重要的一次合作。

客居香江

　　1948年底至1949年初，黄金大戏院特邀马连良、张君秋、俞振飞三位主角，携黄金全部班底赴香港演出。1950年底，俞振飞再次赴港与马连良、张君秋合作。1951年马、张回内地，俞因故滞留香港。滞港期间成立俞振飞剧团，兼演京昆。

马连良（中）、张君秋（右）、俞振飞（左）在香港合影

35

1954年12月17日香港璇宫戏院剧照册俞振飞题词复印件

· 手迹复印件
· 37.6×26.6cm
· 上海艺术研究中心藏（李蔷华捐赠）

1954年12月17日香港璇宫戏院剧照册俞振飞题词复印件

1954年12月17日在香港璇宫戏院《临江会》剧院广告及剧照，俞振飞饰周瑜

1954年12月17日，俞振飞剧团与香港票界在璇宫戏院联合演出。梅兰芳弟子名票胡韡（孙养农夫人）演《宇宙锋》，孟小冬弟子名票蔡国蘅演《空城计》，俞振飞攒底演《临江会》。摄影家秦泰来拍摄演出实况剧照若干，相册为蔡国蘅所藏。俞振飞为相册题词：

> 余于一九五四年十二月十七日假北角璇宫戏院公演。承 国蘅兄襄助演出，氍弄《空城计》之孔明，声容并茂，成绩斐然。聆者一致佳评，咸谓不同凡响。此册为照相专家秦泰来所摄，计有《宇宙锋》《空城计》《临江会》三剧。是晚璇宫之空前盛况，略可窥其一斑也。

> 涤庵俞振飞识于习忍斋

续奏水磨

一九三一年初，余脱离程剧团南归，在上海暨南大学讲授昆曲、京剧，历时三年余，至一九三四年春为止。

江乡春暖赋南归，乍放新桃鳜正肥。
忝上词坛温旧学，魏梁余韵一时稀。

——俞振飞《八十自寿组诗其十二》（1981）

"续奏水磨"（"昆"）展墙、展柜

热心曲事

在从事京剧演出的同时，俞振飞依然保持曲友身份，热心曲事，为陷入绝境的昆曲身体力行，奔走呼号。1931—1934年在沪期间任暨南大学文学院讲师，讲授昆曲，颇受学生欢迎。1934年二次下海，将主要精力投入京剧演出后，他常在报纸杂志撰文提倡、推介昆曲，参加曲友曲会和爨演，并为平、沪二地多位曲友授曲。昆曲唱法正宗，因之不绝如缕。在舞台上，他借助程砚秋、梅兰芳的地位声望，在京剧演出的缝隙中为昆曲演出争取空间，扩大了昆曲的影响。

著名

江南俞五曲話　俞振飛

先父栗廬公，生平唯一的嗜好，就是崑曲。他的研究崑曲，最注重的是唱法與字眼。因為崑曲是有辭詞韻譜準腔準調的，不比皮黃戲可以匠心獨運，隨意更換新腔，轉腔過板，抑揚勁聽，今之度曲者，往往拿了一本曲譜，所謂按圖索驥，唱準工尺，將之無法之唱，則等於么喝最初步的工作，唱準上面的工尺板眼，然後再習唱，有何優劣之可言？

殊非易事。昔日葉懷庭先生亦專重於清唱，所以他刊印的納書楹曲譜，從前本來有清工戲工之分，清工卽清唱，較戲工尤為細膩，尺寸亦緩，學曲的人最好先從清曲入手，對於行腔咬字出音收韻明晰，尺寸太亦不亞於唱，然後再加白口，白口工夫一何以收之後，其次是白，末了才是唱。其實攔筆者的經驗，叫做「一引二白三曲子」，最要緊是引子，從前老先生拿引子作為樂器隨和，而且又有一定的腔調工尺，每逢一齣戲總有些忐忑不定，票友更甚，一開口就念引子，三樣東西，最緊是引子，其出場用的引子，加以引子總有樂器隨和，而且又有一定的腔調工尺，每逢一齣戲，一樣都不容易出場，心裏總有些忐忑不定，票友更甚，一開口就念引子，確乎比較難到什麼地方去，然而念曲與白，普通的論調，都說白比唱難，其實第一難到的人，都有一種通病，曲而輕白之後，於說白等於唱曲一樣，令學曲者按本子念念就可以了。然而大謬不然，說白也應與唱曲一樣，有一定的高低快慢，並須顧到劇中的情節，倩高明教師揚聲同念，其中也是有一定的高低快慢，說怒哀樂的意思，都要在念白中傳出，方稱上乘。

先父雖然一生最喜歡的是崑曲，但是對於初學崑曲的粉墨登場，他是竭力的反對。他說崑曲的精彩，就是格律嚴正，所謂字必分陰陽，腔必分虛實，崑劇的身段，實在是美妙達於極點，顏含有古人之所謂藏歌被蹿的遺志。真是一句一字有一字的神情，如一字有一字的身段，對身段方面一注意，口中的唱念，絕對不暇兼顧，而果藏歌被蹿的精彩，自然而然的產生了。倘偶然令他規規矩矩清清楚楚的唱一段，或念一段，非但不能動聽，而自己亦覺得偪促不安矣。

因此口角模糊，油腔滑調的唱曲最講究的是清唱，魏良輔曲律中有云：『清唱俗語謂之冷橙，不比戲場藉鑼鼓之勢，全要閒雅整肅，清俊溫潤。』可見唱清曲

（待續）

俞振飞撰《江南俞五曲话》
发表于《半月戏剧》第5卷第1期（1942年11月1日）

36

俞振飞任国立暨南大学
讲师名片

· 印刷品
· 1931—1934年
· 10×5cm
· 上海图书馆藏

俞振飞任国立暨南大学讲师名片

俞振飞1931—1934年在沪任国立暨南大学文学院讲师，讲授昆曲，颇受学生欢迎，后又增加课时，讲授京剧。暨大教授陈中凡、周谷城等均曾听俞讲课。

37

俞振飞画、许百遒书赠刘诉万扇箑

· 折扇

· 正面俞振飞1940年画山水，背面许百遒（伯遒）1935年书陶渊明诗

· 高32cm，展开50cm

· 上海图书馆藏

俞振飞画、许百遒书赠刘诉万扇箑

正面：俞振飞绘山水

题五绝：

秋意不觉暝，微风吹客衣。渡头流水去，鸦背夕阳归。

庚辰秋九月

诉万吾兄法正

弟　俞振飞

俞振飞少年时遵父命从陆恢（廉夫）学画三年余。唯日后主要致力于昆曲、京剧，极少从事丹青，所遗画作无多，均属至交唱酬。

俞振飞晚年忆及学画事云：

吴江陆廉夫先生恢，别署狷盦。擅写山水、花果，复精篆隶、碑版之学。余从游有年，愧未得其万一，先生曾言：作画须求浑厚，切忌浮漓。余承师教，用之于戏曲表演，深有所获。因悟艺术之道，同源殊流，可以相为桴鼓也。

背面：1935年许百道书赠刘讦万陶渊明诗

20世纪30年代俞振飞（左一）与许伯遒（右二）
为程砚秋（右一）唱曲双笛伴奏

许伯遒（1902—1963），名闻铎，字伯遒，亦作百遒，以字行。曲友、笛师。原籍浙江海宁。自幼随父宦游，久居杭州。受家庭熏陶，八岁学吹笛，先后经方萼亭指授、俞粟庐拍曲，融会贯通，其笛艺与俞振飞齐名。工书法、治印。30年代初迁居上海，于国华银行习笔札之职。梅兰芳迁居上海，邀其伴奏昆曲，演出时置特别牌，书"特烦名家许伯遒撾笛"，梅剧团笛师马宝明甘居其副。1955年，由银行调入上海市戏曲学校，任教师。1959—1960年，俞振飞、言慧珠率上海戏校师生赴北京，与梅兰芳合作拍摄《游园惊梦》，许任主笛。

刘讱万

　　刘讱万（1914—2011），浙江南浔人。曲友。小莲庄嘉业
堂主人刘承幹之子。幼承父教，博览群书，酷爱京昆戏曲。1934
年毕业于上海圣约翰大学后，从施传镇习昆剧老生，后改小生。
1935年，俞振飞随程砚秋鸣和社来沪演出期间，与俞缔交，从
俞习昆曲唱念，工冠生。又从徐凌云习昆剧身段，从王幼卿习京
剧青衣。精研唱理，多有阐发。俞振飞亦多受其启发，称："我
的好朋友刘讱万先生……毕生钻研昆曲，精通声韵之学，见多识
广，耳朵之准，目光之锐，颇为少见。"唯刘本人对俞振飞始终
执弟子礼。

38

袁敏宣画、俞平伯书赠岳美缇扇箑

- 折扇
- 作于20世纪60年代
- 正面袁敏宣画梅，背面俞平伯题石头记人物图记
- 高32cm，展开50cm
- 岳美缇藏

正面：袁敏宣画梅

袁敏宣（1909—1974），名昉，字敏宣。祖籍常州，生于北京。清翰林院编修袁励准之仲女。幼承家学，工书善画，又习昆曲，工小生。30年代俞振飞至北平，袁与俞缔交，兄妹相称，并执弟子之礼从俞习曲，为"俞家唱"在北方的典型传人。俞振飞称赞袁唱曲"字是字，腔是腔，板是板，绝没有一丝含糊"。

背面：俞平伯题石头记人物图记

39

梅兰芳复出公演广告

· 报纸影印件

· 原载1945年11—12月《申报》

· 选自上海艺术研究中心藏上海书店1984年版《〈申报〉影印本》

梅兰芳复出公演广告

1946年梅兰芳、俞振飞《游园惊梦》剧照

　　1945年抗战胜利，蓄须隐居八年的梅兰芳计划复出，不料八年不唱戏，嗓音退化，一时竟够不上皮黄最低的调门。俞振飞建议梅兰芳唱调门较低的昆曲戏，亲自为梅吹笛吊嗓，并书邀散落在江南各地的传字辈演员来上海为梅氏昆曲演出搭配班底、场面。11月28日—12月11日，梅兰芳复出公演于美琪大戏院，演出剧目为昆曲《思凡》《刺虎》《游园惊梦》《断桥》及京剧吹腔戏《奇双会》；俞振飞除与梅兰芳合演《断桥》《奇双会》外，还出演了昆曲《吟诗脱靴》（即《太白醉写》）和《连环记·小宴》。此举为衰颓的昆曲扩大了影响。

编订曲谱

　　1944年，俞振飞应邀为申新九厂老板陆菊森（一名菊笙）拍授昆曲。陆有感于俞家唱法别有堂奥，每与刊行俗谱不尽相合，遂建议俞振飞亲自编订一套曲谱，便于外间学习俞家唱正音。于是俞振飞着手订谱，请苏州鹤园主人、书法名家庞国钧（字蘅裳）为之缮写曲词宾白，俞亲笔填写工尺板眼。1945年发售单行本三册四出，1953年在香港出版两册廿九出本。为纪念其尊人俞粟庐，题《粟庐曲谱》。

1945年《粟庐曲谱》抽印单行本《刺虎》曲谱（展品40）梅兰芳题签

40

《刺虎——粟庐曲谱之一》

· 书籍
· 俞振飞编订
· 1945年11月印行
· 13×19.5cm
· 上海艺术研究中心藏

《刺虎——粟庐曲谱之一》封面

　　1945年11月，借梅兰芳复出公演昆曲折子戏的机会，由陆菊森出资，自俞振飞正在编订的《粟庐曲谱》中抽印发售单行本三册四出，封面梅兰芳题签，卷末徐凌云作跋。计有：《刺虎》《游园惊梦》各一册及《思凡》《断桥》合订一册。所涉剧目均为此次公演梅兰芳所演的昆曲折子戏。曲文宾白由苏州鹤园主人庞国钧缮写，俞振飞亲自填写工尺板眼。同时发售京剧《奇双会》曲谱（见展品31）。

奴家費氏小字

貞娥自幼選入

宮闈蒙國母娘

娘命我服侍公主不想流賊篡奪我國通弒君父一家骨肉呌死於非命

可笑那些臣子沒有一個與國家報讐誰想此社稷如此寬極恨就罷了

不成我想忠義之事男女皆可做得為此我在宮中取了一把七首藏於

身畔又假妝公主模樣指望近闖賊殺此

巨冠與君父報讐誰想反將我賜於他兄弟

一隻虎為配待他來時我自有道理唱

滾繡球俺切著

人纖纖玉手剗仇人目細細銀牙唉賊子心要

與那漆膚豫讓爭聲譽斷臂要離逞智能挤得

個身為蠱粉挤得個骨化飛塵誓把那九重帝

齒點絳唇搵著淚施脂粉故意兒花簇簇巧梳

菁雲鬢錦層層穿著這衫裙懷兒裏冷颼颼七

首寒光噴俺伴嬌假媚妝癡蠢巧語花言謅倭

栗廬曲譜　刺虎　鐵冠圖

主沉冤洩四海蒼生怨氣伸方顯得大明朝有

個女佳人

内吹打介呼聽鼓樂之聲想是此賊來了我且假妝歡

笑便了時哭下雜引淨上拓地開疆膽氣豪從龍附鳳

佐皇朝龍潛且作趙匡義有日天心屬戴曹方才旅將

道俺今夜與公主成親備了蓮宴與俺稱賀那有心情飲酒被他們你

一杯我一盞與得大醉綣得故我回讐好不知趣也迴避雜下走旦正旦

上二大王回來了淨公主在那裏走旦正旦在內帳爭就請相見走旦正旦

栗廬曲譜　刺虎　鐵冠圖

《刺虎——粟廬曲譜之一》內頁

133

之行世也乙酉十月海昌徐凌云篆并書　昆曲之復興尤有厚望焉且將拭目以俟全帙　善愛好昆曲者葉堂正宗唱法尚在人間而於　曲家循聲按譜相得益彰雖為窺豹一斑冀以　請率齋主人將其備演多折先付影印俾使頎　弄更有志於提倡昆曲既商振飛相與搬演後　焉梅君畹華八年息影幸睹清平今者重作冁　編校將竣行凡千載下先生之音響永久不墜　題名曰粟廬曲譜曲家廉君衡裳精繕全帙　陵替固請振飛就先生唱法專庶校製成譜　嗜音律欽仰先生之高風並鑒於昆曲之日見　癖時人美稱為曲中之大小米也率齋主人雅　於粉墨登場尤其餘事先生在日夙有馨光之　引吭度曲雛鳳聲清而撋笛按譜悉中繩墨至

1945年分折单行本《粟庐曲谱》徐凌云跋

　　徐凌云在《跋》中首次提出"俞派唱法"一说，并称"振飞幼习视听，长承亲炙，不仅引吭度曲，雏凤声清，而撋笛按谱，悉中绳墨，至于粉墨登场，尤其余事"，称《粟庐曲谱》"虽为窥豹一斑，冀以告爱好昆曲者，叶堂正宗唱法，尚在人间，而于昆曲之复兴，尤有厚望焉"。

　　徐凌云（1885—1965），字文杰，号摹烟，浙江海宁人。昆曲大家，以做功表演独擅胜场，为梅兰芳等内行大家所推崇。世称"俞家唱，徐家做"，"俞家唱"谓俞粟庐、俞振飞父子之唱念为昆曲正宗，"徐家做"即指徐凌云与其儿子徐子权、徐韶九以身段表演独步曲坛，有胜于专业演员之处。1921年，参与创建昆剧传习所，并言传身教，为传习所学员业务上的成长出力甚巨。晚年整理昆剧折子戏表演经验，著有《昆剧表演一得》。

吾國戲曲興自金元盛於明清近百年來京崑
代起崑腔衰歇此乃時代之遞演使篁也民國
以遠邦人士犀僱保存國粹之說曲與詩詞並
為文學中之重要部門江浙耆宿碩學倡導尤
力正諸校律者如吳瞿安王君九劉鳳叔諸家
海內並相推重兩於謳歌之道求其能傳長洲
葉堂正宗如瞿越元鈕匪石後惟姜東俞粟廬
先生一人而已先生一生藏饋於斯造詣猶閎
吳君瞿安嘗論先生唱法青云氣納於丹六聲
翔於雲表當其舉首展喉如太空晴絲隨徽風
兩上下及察其出字吐腔則字必分開合腔必
勻陰陽而又渾灝流轉運之以自然此數語已
足盡過雲廻雪之妙想見先生慷慨高歌時也
首上海樓君稿初創粟社以研習先生唱法為

俞振飞与徐凌云，1957年摄于拙政园西部（原张氏补园）卅六鸳鸯馆西侧

41

俞振飞赠岳美缇《粟庐曲谱》

- 书籍
- 俞振飞编订
- 1953年印行
- 2册，15×25cm
- 岳美缇藏

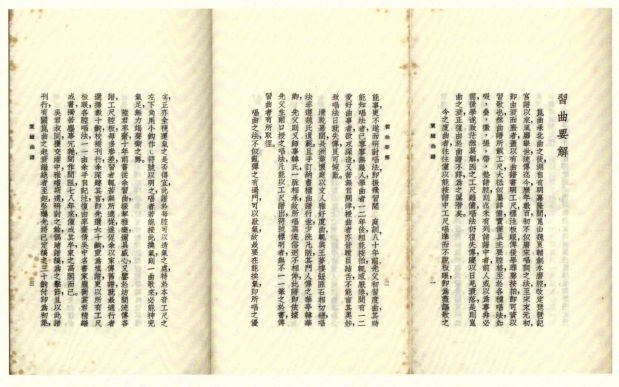

1953年版《粟庐曲谱》卷首《习曲要解》

　　1950—1955年，俞振飞客居香港，演出之余，为中华书局董事长吴叔同夫妇拍曲。当时《粟庐曲谱》已完成二十九出，仅得计划中六十出之半。吴叔同力劝俞振飞先行出版已完成的曲谱，乃与陆菊森共同出资，于1953年为之印行《粟庐曲谱》上下卷二十九出本，共计宣纸线装本50套，道林纸平装本500套。是为俞振飞最重要的著作。

　　《粟庐曲谱》由张元济题签，卓君庸题写扉页。卷首为俞振飞著《习曲要解》。文中首次列举十六种腔格口法，并加以解释，为昆曲声腔论著的空前之作。卷末附印1921年俞粟庐亲书《度曲一隅》十三支曲子的曲谱（原系1921年俞粟庐在百代公司灌制六张半钻针唱片的赠品）。

俞振飞赠岳美缇1953年线装版
《粟庐曲谱》卷上封面：张元济题签

1953年版《粟庐曲谱》扉页卓君庸题耑

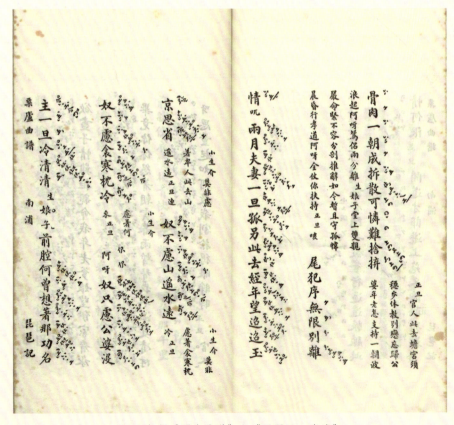

1953年版《粟庐曲谱》之《琵琶记·南浦》

42

《粟庐曲谱》稿本影印本

- 书籍
- 俞振飞编订，许伯遒缮写
- 原稿书于20世纪40年代中期
- 13.5×21.5cm
- 岳美缇藏

《粟庐曲谱》稿本影印本上册扉页
俞振飞题记

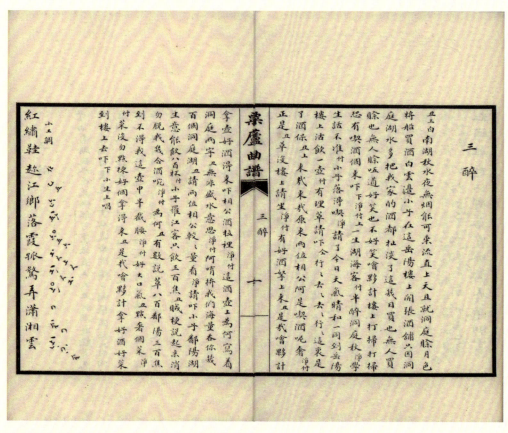

《粟庐曲谱》稿本影印本上册之《邯郸梦·三醉》

《粟庐曲谱》初付许伯遒缮写，后因故未能印行。存影印制版本二册，凡十九出，当系1962年前后为重印《粟庐曲谱》计划作参校之用（见展品42）。较1953年香港廿九出本《粟庐曲谱》（展品40），该稿缺《赏荷》《亭会》《琴挑》《折柳》《题曲》《刺虎》《乔醋》《惨睹》《藏舟》《望乡》《断桥》等十一出；多《哭像》一出，为正式版《粟庐曲谱》所无。1972年，困境中的俞振飞将此本赠与岳美缇，1980年为之补题寄语。

《粟庐曲谱》正式版改由庞国钧缮写曲文宾白，俞振飞亲自填写工尺板眼。1950年俞振飞赴香港时携带庞书曲文宾白稿，缺《邯郸梦·三醉》《长生殿·哭像》两出。1953年出版《粟庐曲谱》时，《三醉》的曲文宾白由黄蔓耘补书，《哭像》一出则付阙如。该稿可为补充。

1990年，许伯遒子女将许书曲谱遗稿交予许伯遒胞妹许闻佩，复由许闻佩之子王定一、王希一整理，得散段唱腔五十一种，整出折子戏廿七出，并附录吹腔《奇双会》三出，校订付梓，1991年在台北印行出版，题《度曲百萃》。其折子戏部分的内容、书体、格式略同于这两册《粟庐曲谱》稿本，而出目较丰，当系许伯遒重抄补录，其与《粟庐曲谱》稿本重复的出目可相参校。

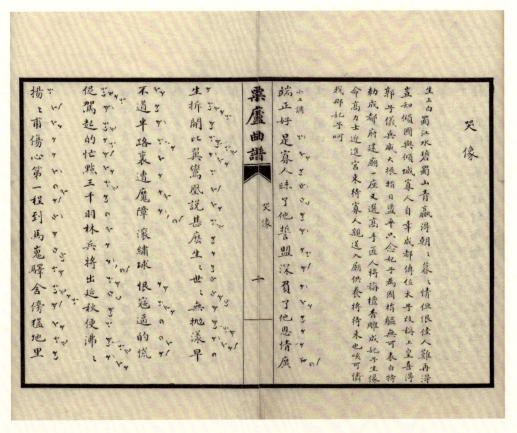

《粟庐曲谱》稿本影印本下册之《长生殿·哭像》

139

43

《粟庐曲谱》重印校样及重印前言

- 上海文艺出版社铅印校样及俞振飞修改手迹
- 1962年
- 38页，15×25cm
- 上海艺术研究中心藏（吴新雷捐赠）

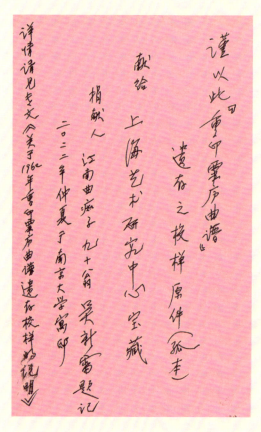

吴新雷捐献题记

　　1955年，俞振飞自香港返回内地，将《粟庐曲谱》铅版带到上海，后存放在上海市戏曲学校。1962年，上海文艺出版社计划重印《粟庐曲谱》，俞振飞重校曲文，并用白话语体文重写《习曲要解》。惜因故未能出版。1969年12月，文化广场失火。紧邻文化广场的上海市戏曲学校被大火殃及，存放在戏校的《粟庐曲谱》铅版、校样及重印前言悉数被毁。幸而1962年俞曾将一份重印校样与重印前言寄与南京大学吴新雷，一直由吴珍藏，因而得以幸存，为世间孤本。 2022年7—8月《雅韵千秋——俞振飞诞辰一百二十周年纪念展》之际，吴新雷教授特将这份珍贵文献捐赠给上海艺术研究中心，公之于众。

《粟庐曲谱》重印校样及重印前言

承前启后

一九五五年，我从香港归来。在北京与梅先生合拍了《断桥》电影，就回到上海。那时华东戏曲研究院已改为上海戏曲学校，我在那里任教。一九五七年五月，被任命为该校校长。

——俞振飞述、唐葆祥整理《一生爱好是昆曲》）

（1989）

推陈出新，循时而进。

岁岁新花苗旧枝，年年春水涨秋池。
艺坛佳境原无尽，都在骎骎转毂时。

———俞振飞《八十自寿组诗其三十二》（1981）

"推陈出新"展柜

合拍断桥

　　1955年初，国家为梅兰芳拍摄舞台艺术纪录片。梅兰芳提出，《断桥》一剧许仙必须由俞振飞扮演。在周恩来总理亲自关怀下，当年4月，俞振飞离开客居五年之久的香港，返回内地。5—7月，在北京与梅兰芳合作拍摄昆曲折子戏《断桥》，为彩色戏曲艺术片《梅兰芳的舞台艺术》之一折。是为昆曲折子戏第一次被完整地拍摄成电影。

梅兰芳、俞振飞、梅葆玖合演昆曲《雷峰塔·断桥》剧照

　　1955年4月，俞振飞初回内地，在京参加梅兰芳、周信芳舞台生活50年周年纪念演出，与梅兰芳、梅葆玖合演《断桥》。是为俞振飞回内地后首次演出。

44

《梅兰芳的舞台艺术 · 宇宙锋（修本、金殿）、断桥唱词》

· 书籍

· 1955年中央新闻纪录电影制片厂出品，中国电影发行公司发行

· 13×18.5cm

· 上海艺术研究中心藏

《梅兰芳的舞台艺术 · 宇宙锋（修本、金殿）、断桥唱词》
左图为封面：梅兰芳《宇宙锋 · 金殿》
右图为封底：梅兰芳、俞振飞《断桥》

定價: 0.05元

昆曲新生

　　1955年8月俞振飞自北京回上海。华东戏曲研究院为欢迎俞振飞归来，10月在长江剧场组织昆曲观摩演出。俞振飞与传字辈演员等合作演出了众多昆曲剧目。此后又参加浙江苏昆剧团《十五贯》的创作排演工作。1956年先后参加在苏州举办的昆剧观摩演出（9月下旬）及上海举办的全国昆剧观摩演出（11月，亦称"南北昆会演"），出演多出昆曲折子戏，其中不少为此前俞振飞从无机会登台表演的剧目。自此，俞振飞舞台演艺活动的重心由京剧转向了昆剧。

20世纪50—60年代俞振飞与徐凌云、言慧珠等演出昆剧系列剧照

1.俞振飞、徐凌云《连环记·小宴》 | 2.俞振飞、徐凌云《荆钗记·见娘》

3.俞振飞、言慧珠《玉簪记·琴挑》 | 4.俞振飞、言慧珠《长生殿·惊变》

5.俞振飞与戏校学生《长生殿·埋玉》

45

上海市文化局、中国剧协上海分会联合主办
昆剧观摩演出说明书

· 印刷品
· 1956年11月
· 2份，19×25cm
· 上海艺术研究中心藏

其一：俞振飞演《惊鸿记·醉写》《雷峰塔·断桥》《千忠戮·八阳》

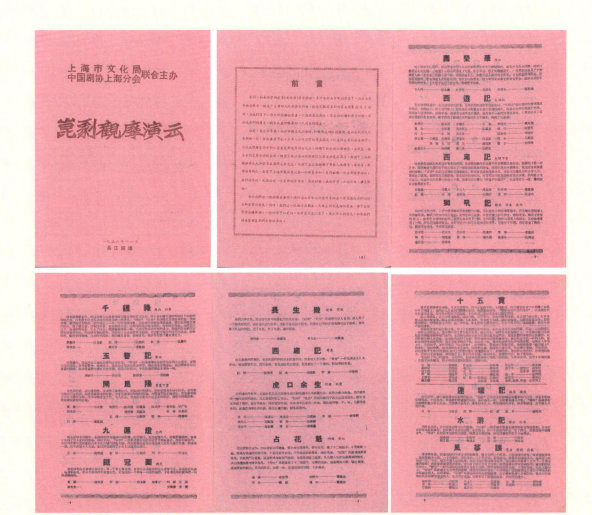

其二：俞振飞演《占花魁·湖楼、受吐》《风筝误·惊丑、后亲》

1956年11月上海昆剧观摩演出期间，南北昆名家在俞振飞家中聚会唱曲
自左至右：韩世昌、俞振飞、（不详）、侯玉山、白云生、魏庆林、徐凌云

46

上海昆曲研习社社员通讯录

- 油印本
- 1957年上海昆曲研习社印制
- 19×13cm
- 上海艺术研究中心藏

上海昆曲研习社社员通讯录封面

　　1957年上海昆曲研习社成立，俞振飞、言慧珠均以曲友身份加入该社，俞振飞任该社首届常务委员。俞振飞晚年对人说：

　　　　我这个下海，是京戏下海，不是昆曲下海。我唱昆曲完全是，始终是票友的姿态。

姓名	性別	年齡	籍貫	組別	通訊處	電話
上海崑曲研習社第一屆常務委員通訊錄						
朱晃文	男	53	上海	1. 2.	新樂路42号	
沈竹如	女	50	嘉興	3. 4.	復興中路498弄6号	284669
汪一鵑	女	45	杭州	1.2. 5.6.	富民路197弄74三樓1号	369589
周萼軒	男	53	吳縣	1. 3.	長樂路637弄17号	376388
俞振飛	男	56	蘇州		五原路253弄3樓	375720
陸霽明	男	64	嘉善	1. 2.	北京西路787弄54号	535646
殷宸賢	男	68	崑山	1. 3.	鳳陽路376弄19号	533333
徐凌雲	男	72	松江	1.3. 5.6.	康定路77弄8号	564188
趙景深	男	56	四川	1.3.4. 5.6.	淮海中路四明里六号	287964
管際安	男	66	蘇州	1. 3.	陝西南路488弄1号	373428
戴夏	男	69	溫州	1.3. 5.	重慶南路256弄5号	
戴明男					南京西路中央公寓201室	533450

五

上海昆曲研习社社员通讯录内页：第一届常务委员通讯录

姓名	性別	年齡	籍貫	組別	通訊處	電話
沈北宗	男	38	江蘇	1.3. 5.	宛平路218弄7号	215530
言慧珠	女	36	北京	1.3. 4.5.	華山路1006弄11号	321941
汪馥敬	女	39	蘇州	3.4. 5.	新閘路1124弄52号	531154
汪仰真	男	54	吳興	1.3. 5.6.	西康路370弄40号	534258
茅潤猗	〃	37	江蘇		襄陽南路357弄14号	
貝渙智	〃	41	蘇州	3. 5.	曹陽路380号普陀區人委會	923699
林彬	女	31	北京	5.	愚園路1355弄63号	923281
周琪	〃	22	杭州	5.	復興中路1363号114室	
周培良	〃	20	安徽		康定路440号	
周滿良	〃	26	北京	4. 5.6.	康定路440号	531003

九

上海昆曲研习社社员通讯录内页：社员通讯录

经典示范

　　1957年，俞振飞担任上海市戏曲学校校长，著名京剧演员言慧珠担任副校长。两人开始长期稳定的合作，演出了大量京昆经典剧目，各自塑造了光彩的舞台形象。

1957年俞振飞与言慧珠《牡丹亭·惊梦》剧照

47

《戏曲研究》1958年第1期

- · 刊物
- · 中国戏曲研究院编辑，上海文化出版社1956年1月10日出版
- · 19.5×26.5cm
- · 上海艺术研究中心藏

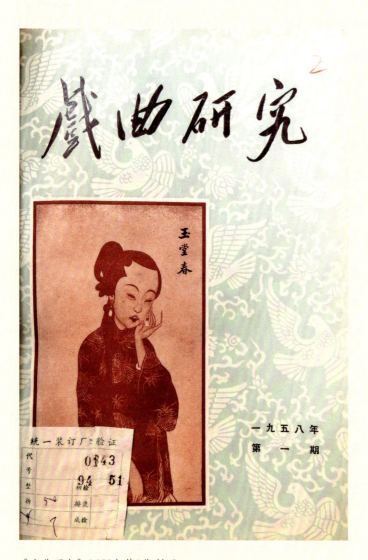

《戏曲研究》1958年第1期封面

1957年6—8月，文化部在上海举办第三届戏曲演员讲习会，周信芳、盖叫天、俞振飞等表演艺术家作讲座，华东各地方剧种的主要演员二百余人参加。俞振飞讲座的讲稿以《谈尊师爱徒与我的表演经验》为题刊登于1958年第1期《戏曲研究》。

俞振飞回忆：

这幅照片，可能是1959年在上海的一次晚会演出时在后台照的。当时周恩来总理和陈毅副总理正在前台看戏，我们在后台化妆。记得那晚盖老演的《武松打店》，周老演的《打渔杀家》（旦角可能是金素雯），我的剧目是昆曲《长生殿》的《小宴惊变》。

周信芳、盖叫天、俞振飞在后台合影（约1959年）

談尊師愛徒与我的表演經驗

俞振飛

演員講習会請我來作報告，不瞞大家說，我心里着实緊張。上得台來，不但肌肉不松泡，連嗓音都有些發緊。因为这里生的，都是主要演員；我自己虽然也是个演員，可是上台作報告，还是缺乏經驗，也就不由自主地怯场了。就象上台演戲，精神緊張的話，就或多或少地会影响演出質量。当然，要克制住精神緊張，也不是一件易事，我今天就沒有能力把它克制好。再說，这是第三次的講習会了，以前有过梅蘭芳先生、程硯秋先生的講話，以后將有周信芳先生的講話，盖叫天先生的講話，他們都是众望所归的前輩。我还不能像他們那样有系統有条有理講起，只能娓娓談談。今天所講的一定不能使同志們满意，希望大家批評和指教。我現在先請我当初怎么会学戲，師父怎样对待我，師生关系搞得怎么样？也就是尊師愛徒的問題，然后再談我的表演經驗。

一 尊師愛徒

我父親是个昆曲名家，对昆曲有極深的研究。我們家里的昆曲名家，經常是濟濟一堂的，大家互相研究，拍曲子，講音韻，研究唱法。我幼年曾不斷受到昆曲的熏染，甚至有时我父親哄我睡覺他也給我唱昆曲，所以我六歲就能唱昆曲，養成热爱昆曲戲劇的性格。

由于我对戲曲藝術的愛好，到了十九歲，又开始学京劇，經常以票友姿态演出。到廿九歲时，我在暨南大学文学院当講師，程硯秋先生到上海演出，我們交了朋友。他那时对旧社会卻有所不满，常对欺压藝人的制度作斗爭，我很佩服他的为人，我們二人成了莫逆。他很希望我能到北京同他一起唱戲，那时我正在戲迷階段，也很想多得些实踐的机会；但是按照梨園旧規，票友下海必须有正式業師。拜誰呢？我們二人反复研究，我就提出了当时在京劇小生中最負盛名的程繼先先生。

程繼先先生是京劇老生始創者程長庚之孫。那时他已有五十六歲，卻从來不收徒弟，据說他这样設過："学戲是最艱苦，我化了多少心血、下了多少苦功，才有这一点成就，实在太不簡單。我旣是不是每一个人化心血、下苦功都能学得成的，沒有演員材料的人，卽使有名師，也是沒法造就的，所以我是不准备收徒弟。"当时我跟硯秋同志也都認为要拜他为師是有困难的。但我們二人在上海分手后，硯秋同志竟然把这事替我办妥了，这眞使我喜出望外。

我兴奮的从上海到了北京，由硯秋同志陪同我去拜訪了程老師，見面寒暄一番之后，程老師忽然对我說："我听說你在大学当講師，不用說，你是有一定的文化基礎。旣然文化有基礎，那么什么事都干得了，为什么一定要唱戲呢？你別小看名演員拿大包銀，这并不是容易的啊！你要知道我們这一行，吃得好是'戲飯'，吃不好是'气飯'，像我家是四代吃戲飯

（61）

斷，來配合演員瞪眼、張口、大鷩的表情，眞是最恰当不过。如果作这样大鷩的身段不用打乐器來配合，不但覌众得不到明確的感覚，演員的感情也發不出來，并且还会覚覚又"干"又"僵"。如果拿"撕边一鑼"或"一鑼"來配合大鷩的身段，就遠不如用"冷鑼"这样頓奏鮮明。又如武场时用"念念颿"，走边时用小齐就連打；"风点头"打快了有兴奮的气氛，打慢打輕又变为遠凉的气氛……。京劇中的"鑼鼓經"最多而又都很突出，这都是祖先遺留下來的宝貴財富，都曾經过千錘百煉，都能很好地襯托劇情和气氛，我們应該用心體研，高度掌握和运用它。

（2）怎样伴奏才能使演員尽量發揮？

打击乐在表演上旣有这样重要的作用，所以我認为乐隊应該深刻了解劇情，应該了解演員的表演特点，才能把演員的表演報托得更好，該打"撕边一鑼"的不要打成"冷鑼"，該打"冷鑼"的不要打成"一鑼"。这样就能使演員得到尽量的發揮。还有，在过去，作为乐隊指揮的打鼓佬，常常要看演員叫什么鑼鼓，他才打什么鑼鼓，如"叫头"，演員必須水袖；叫唱，要抖水袖；这样就或多或少地使舞台动作有了一定的形式。有时劇情不需要，也得來这么一下"形式"，这实在很不必要。現在有了排演制度，这种情况已有所改变，司鼓同志对劇情進一步熟悉了，知道某处应起"叫头"，某处要开唱，这就可以免去这些"叫鑼鼓"的形式。这样很受演員的歡迎，帮助了演員在集中表演时不致讓劇情中断。但作为一个古典劇演員，有时劇情要或司鼓同志偶一疏忽时，还是用得着的。

管弦乐器的伴奏与打击乐器的伴奏同样重要，后者是"表演藝術"的命脈，前者則是"歌唱藝術"的命脈。管弦乐師們要配合演員嗓音和唱法的条件，尽量发揮演員的优点，遮盖其缺点。調門或高或低，乐声或剛或柔；在伴奏中要拖护演員換气或偷气，換气时要"熟"得对，要鬆时要"托"得好，使演員唱得能省力而又动听。前一时期各劇团排演新戲，使用了"統一調門"，这原是旧調重彈，京劇在最早就是統一的用正宮調，如果某一演員嗓子不够調門，那就是不合演員条件。后來在不斷的实踐中發覚它的缺点才把它取消了，不久以前又重新提倡起來，不过一般地已不用正宮調了。这个办法在乐隊的配器上、演奏上有很大的好处，但因我覚得，它的坏处也很有道理。因为每个人的嗓音条件，基本上不可能一样，調門低了，唱起來就会压得无音，覌众听不見；高了，就会唱得声嘶力竭，不但难听而且难受，影响覌众对听覚和視覚的感受：这个"統一調門"的办法，我覚得应該進一步研究一下，設法改善由此而來的缺点才好。

講座小生俞予

（67）

《戏曲研究》1958年第1期登载俞振飞讲稿《谈尊师爱徒与我的表演经验》

赠剑访欧

　　1958年，俞振飞、言慧珠参加中国戏曲歌舞团出访欧洲七国，历时半年。行前周恩来总理指示要让昆曲出国。程砚秋建议俞振飞、言慧珠根据昆班吹腔旧剧《凤凰山》（亦称《百花记》）改编重排《百花赠剑》一折，并为之整理剧本，设计身段。此剧赴欧首演于巴黎国际戏剧节，征服了当地观众。后成为俞、言保留剧目。

巴黎国际戏剧节《百花赠剑》演出实况照
言慧珠饰百花公主｜俞振飞饰海俊

48

《访欧散记》

· 书籍

· 俞振飞、言慧珠著

· 1959年上海文艺出版社出版

· 13×19cm

· 唐吉慧藏

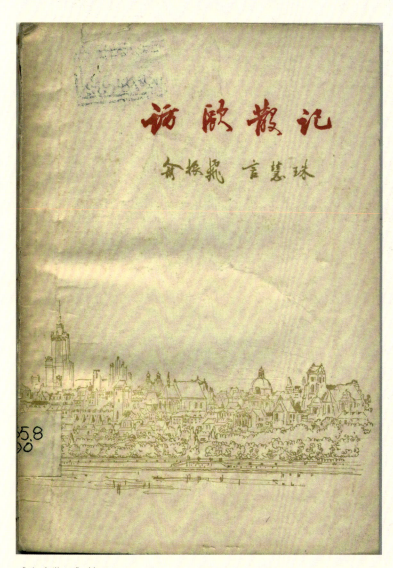

《访欧散记》封面

巴黎国际戏剧节演出《百花赠剑》演出实况剧照
言慧珠饰百花公主｜俞振飞饰海俊｜陆玉兰饰江花右

墙头马上

　　1958年访欧归来，周恩来总理向俞振飞、言慧珠建议，以元杂剧《墙头马上》为题材，编演一部新昆剧，向1959年新中国成立十周年献礼。俞振飞、言慧珠回沪立即组织各方力量创编、排演了新编昆剧《墙头马上》，1959年9—10月上演，获得成功。该剧由上海京剧院编剧、资深京剧票友苏雪安执笔，人艺话剧导演杨村彬执导。1963年，该剧拍摄成彩色电影。

49

上海市戏曲学校演出昆曲《墙头马上》说明书

· 印刷品
· 1959年6月上海艺术剧场印制
· 19×26cm
· 上海艺术研究中心藏

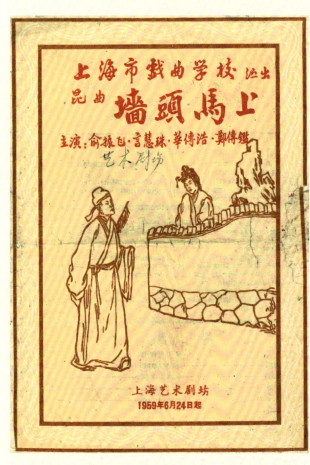

说明书封面

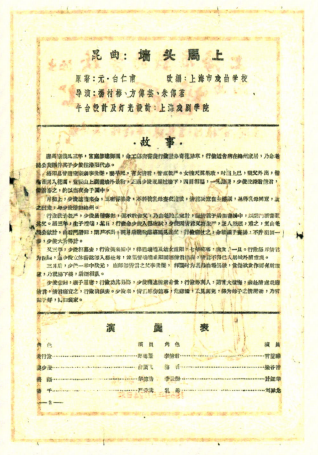

说明书内页：
原著作者、改编者、导演名单及故事和演员表

说明书内页：唱词摘录

《墙头马上》第二场剧照
俞振飞（左一）饰裴少俊｜言慧珠（右一）饰李倩君
华传浩（左二）饰裴福｜梁谷音（右二）饰梅香

50

上海市戏曲学校在北京演出《墙头马上》俄文版说明书

· 印刷品
· 1959年印制
· 19×26cm
· 上海艺术研究中心藏

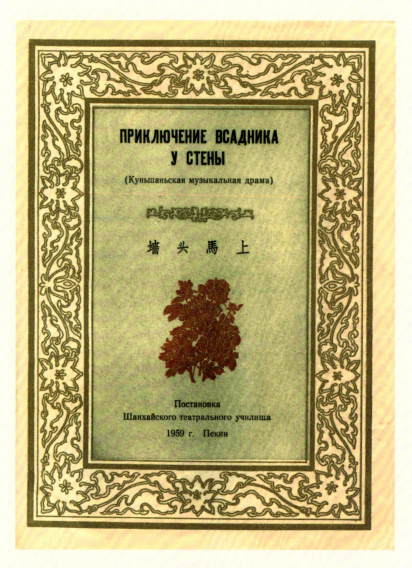

说明书封面

Автор оригинала . . . . Бай Жэнь-фу (Юаньская ди-
настия)

Переработка . . . . Шанхайское театральное учи-
лище

Режиссёры . . . . Ян Цунь-бинь

Фан Чувнь-юнь

Чжу Чувнь-мин

说明书内页：原著作者、改编者、导演名单

ДЕЙСТВУЮЩИЕ ЛИЦА И ИСПОЛНИТЕЛИ

Пэй Синь-цзян . . . . Чжэн Чуан-цзян

Чжан Цзя . . . . Ян Цяо-ци (учащийся)

Пэй Шао-цзюнь . . . . Юй Чжэн-фэй

Пэй Фу . . . . Хуэй Чуай-хао

Ли Цзи-цзюнь . . . . Ян Хой-чжу

Мэй-сянь . . . . Лян Гу-инь (учащийся)

Ли Ши-цзе . . . . Цян Чжинь-хуа (учащийся)

Кормилица . . . . Ло И-луц (учащаяся).

Дуан-дуан, Чун-янь, 4 слуги . . Учащиеся театрального учи-
лища.

Картина 4-я: Покидает отчий дом.

— 7 —

说明书内页：演员表及剧照

КРАТКОЕ СОДЕРЖАНИЕ

В 3-ем году царствования императора Гао Цзуна Танской династии (678 г. н. э.) при дворце строился сад. Министру строительства Пэй Синь-цзяну, который в это время лечился у себя на родине Цзянчжоу, поручено приобрести всевозможные необыкновенные цветы и травы. Он поручил это дело своему сыну Пэй Шао-цзюню, который в сопровождении старого слуги Пэй Фу отправляется в Лоян для выполнения поручения.

Наместник города Лояна Ли Ши-цзе был членом императорского рода. Жена у него умерла давно. После неё осталась дочка по имени Цзи-цзюнь. Отец был очень строг к ней, однако девушка была проста и смела. Однажды в день праздника цинмин (5-6 апреля), в отсутствии отца Цзи-цзюнь вместе с горничной Мэй-сянь зашла в сад прогуляться. Забравшись на искусственную горку, где они и любовались видом на улицу. В это время Пэй Шао-цзюнь проезжал верхом мимо сада. Переглядевшись, они полюбили друг друга. Пэй Шао-цзюнь пишет Цзи-цзюнь стихотворение, а та отвечает ему тоже стихотворением. Назначено было свидание в саду вечером.

Как только на небе поднялась луна, Шао-цзюнь перепрыгнув через стену, приходит на свидание. Когда стали молодые люди объясняться в любви, их обнаруживает старая кормилица. Цзи-цзюнь решила выйти замуж по своей доброй воле, добившись согласия кормилицы, она вместе с Шао-цзюнем поехала в город Цзян-чжоу.

Пэй Синь-цзян был строг в воспитании сына. Хотя Шао-цзюнь и вернулся с женой, но не смеет он говорить об этом отцу. По совету старого слуги Шао-цзюнь прячет жену в своем кабинете в саду, а отцу заявляет, якобы он решил запереться в кабинете, чтобы хорошо заниматься. Три года спустя родился у них сын по имени Дуан-дуан. Однажды Пэй Синь-цзянь велел сыну отправиться в столицу на государственный экзамен. Но, т. к. в это время Цзи-цзюнь должна скоро опять родить, а ухаживать за ней поручить некому, Шао-цзюнь не находит выхода из положения. И на этот раз помог старый слуга. По совету слуги он должен делать вид, что отправляется в столицу, но затем тайком вернуться черным ходом домой. Спрячется в кабинете месяца на два, затем явиться к отцу, будто он вернулся из столицы, где якобы провалился на экзамене. Пэй Синь-цзян сурово наказывает сына, побив его палкой, после чего приказывает заключить его в кабинет, не разрешая выйти оттуда, на что, конечно, Шао-цзюнь очень даже охотно согласился.

— 2 —

Так прошло ещё 3 года.

Однажды Шао-цзюнь пошел молиться на могилах предков, случайно зашел в сад Пэй Синь-цзян. Неожиданно увидел он своего внука Дундуан и внучку Чун-янь. Итак, семилетняя тайна раскрыта в одно мгновение. Рассердившись, Пэй Синь-цзян упрекает Цзян-цзюнь в недостойном поведении. Он сумел заставить Шао-цзюня написать заявление о расторжении брачного союза, после чего отправляет сына в столицу опять на государственный экзамен. Отняв детей у невестки, он выгоняет её из дому. Цзян-цзюнь пришлось искать приют в монастыре Цин Сюй-гуан за городом.

Три месяца спустя, выдержав государственный экзамен, Шао-цзюнь стал первым кандидатом. Экзаменатором же был не кто иной, как отец Цзян-цзюнь, Ли Ши-цзе. Во время визита к нему, Шао Цзюнь был опознан кормилицей. Чтобы не навлечь на себя неприятности, Ли Ши-цзе со сдержанным гневом признает Шао-цзюня своим зятем.

Возвратившись домой с почестью и высоким положением, Шао-цзюнь сильно скучает о жене при виде детей. Отец его уговаривает вторично жениться. Тогда Шао-цзюнь рассказывает отцу о происхождении жены. Пэй Синь-цзян был ничтожным подхалимом. Узнав об этом, очень испугался и сам пошел в монастырь за Цзян-цзюнь. Цзян-цзюнь его упрекает в несправедливости. Пэй Синь-цзяну в смятении пришлось ретироваться. Затем за ней приходит туда Шао-цзюнь. Цзян-цзюнь ещё больше рассердится, вспоминая прошлое. Но когда увидела детей, то материнская любовь заставила её помириться с мужем и пойти с ним домой.

— 3 —

说明书内页：故事梗概

惊梦流芳

1959—1960年，俞振飞、言慧珠与上海戏校师生赴京，与梅兰芳合作拍摄彩色昆曲影片《游园惊梦》。是为梅兰芳最后一部电影。

戏曲艺术片《游园惊梦》剧照
梅兰芳饰杜丽娘｜俞振飞饰柳梦梅

51

戏曲艺术片《游园惊梦》海报

- 印刷品
- 1960年北京电影制片厂出品
  中国电影发行放映公司发行
- 77×55cm
- 上海艺术研究中心藏

戏曲艺术片《游园惊梦》海报

惊梦

戏曲艺术片

容简介

大剧作家汤显祖的名著"牡丹亭"里最精彩
，描写受封建旧礼教束缚的杜丽娘，背着父
，游倦之后回房休息，在梦中与书生柳梦梅
杜丽娘的母亲看见女儿神情恍惚，嘱她少去
梦境，后来竟忧郁成病。

3.春香劝杜丽娘回房休息。

中国电影发行放映公司发行

《惊梦》一场拍摄现场

《惊梦》一组镜头摄制完毕，剧组留影

执掌戏校

执掌戏校

上海市戏曲学校设有昆曲、京剧、越剧、淮剧等班，培有人材不少，今咸为舞台上重要力量矣。

讲坛笙长兴方浆，辛苦园丁有秀苗，
两部笙歌谱律吕，一堂桃李琢琼瑶。

——八十自寿组诗其十九（1981年）

1957年，俞振飞任上海市戏曲学校校长，言慧珠任副校长，二人致力于京、昆大班、二班的教学，时常示范演出传统经典剧目，并带领师生排演新剧。

上海市戏曲学校设有昆曲、京剧、越剧、淮剧等班，培育人才不少，今皆为舞台上重要力量矣。

讲坛忝长兴方饶，辛苦园丁育秀苗。

两部笙歌谐律吕，一堂桃李琢琼瑶。

——俞振飞《八十自寿组诗其十九》（1981）

"执掌戏校"展墙、展柜

园丁育秀

　　1957年，俞振飞任上海市戏曲学校校长，言慧珠任副校长。二人致力于京、昆大班、二班的教学，时常示范演出传统经典剧目，并带领师生排演新剧。1961年8月，戏校京昆两班第一届学员毕业，与上海京剧院部分青年演员、乐师组建上海青年京昆剧团。

俞振飞、言慧珠为学生辅导《百花赠剑》

52

俞振飞为学生示范身段留影

· 翻拍照片复制件
· 原照摄于约20世纪60年代
· 翻拍照6吋
· 朱立君藏

俞振飞为学生示范身段

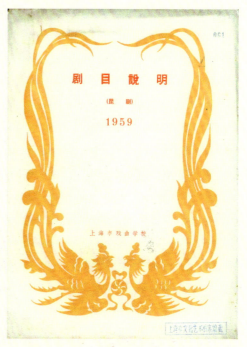

53

上海市戏曲学校昆剧演出剧目说明

- 印刷品
- 1959年上海市戏曲学校印制
- 19.5×27cm
- 上海艺术研究中心藏

说明书封面

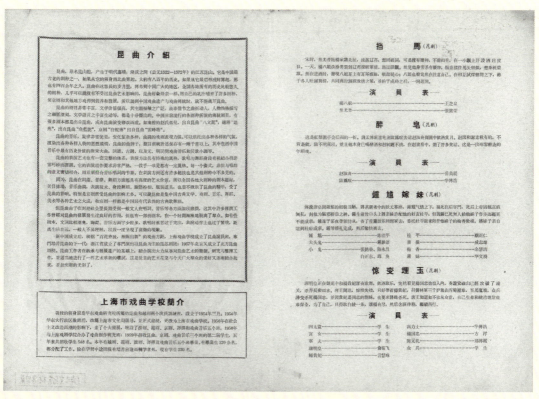

说明书内页
俞振飞、言慧珠、郑传鉴、华传浩与戏校学生演《长生殿·惊变埋玉》

54

上海市戏曲学校俞振飞、言慧珠校长短期演出说明书

- 印刷品
- 1961年2月上海大众剧场印制
- 19.5×27cm
- 上海艺术研究中心藏

说明书封面及说明书内页
2月25日俞振飞演《群英会》
2月26日言慧珠、俞振飞合演《西施》
2月28日言慧珠、俞振飞合演《穆天王》

京剧《西施》剧照（1962年）
言慧珠饰西施 ｜ 俞振飞饰范蠡

55

上海市戏曲学校京剧班、昆剧班第二届学员实习演出节目单

- 印刷品
- 1961年上海市戏曲学校印制
- 17.5×25cm
- 上海艺术研究中心藏

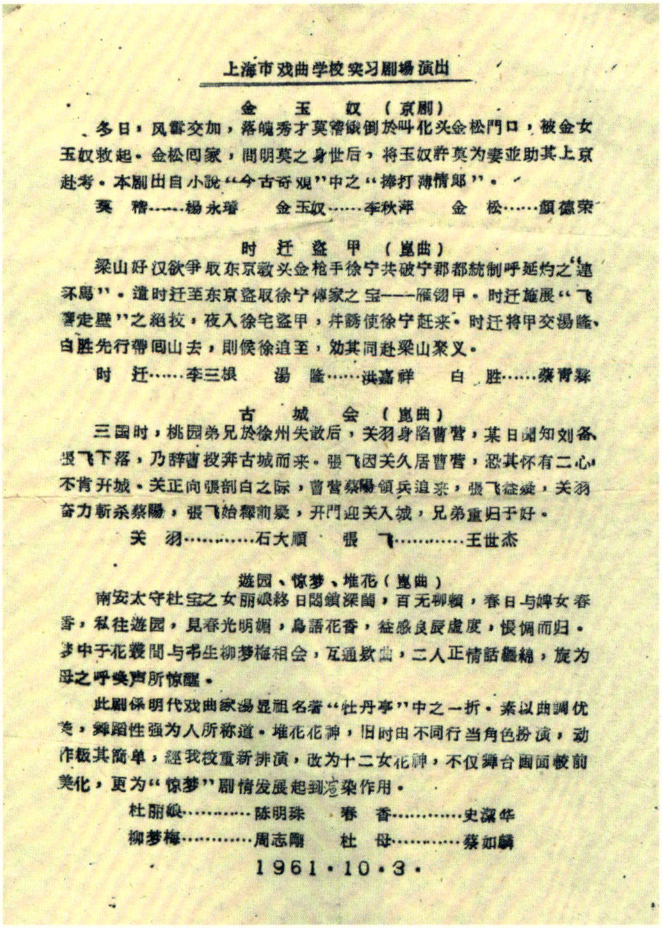

上海市戏曲学校实习剧場演出

金　玉　奴　（京剧）

多日，风雪交加，落魄秀才莫稽饿倒於叫化头金松門口，被金女玉奴救起。金松回家，問明莫之身世后，将玉奴許莫为妻並助其上京赴考。本剧出自小說"今古奇观"中之"捧打薄情郎"。

莫　稽……楊永璿　　金玉奴……李秋萍　　金　松……顔德荣

时　迁　盗　甲　（崑曲）

梁山好汉欲争取东京教头金枪手徐宁共破宁郡都統制呼延灼之"連环馬"。遣时迁至东京盗取徐宁傳家之宝——雁翎甲。时迁施展"飞簷走壁"之絕技，夜入徐宅盗甲，并誘使徐宁赶来。时迁将甲交湯隆、白胜先行帶回山去，則候徐追至，劝其同赴梁山聚义。

时　迁……李三根　　湯　隆……洪嘉祥　　白　胜……蔡青霖

古　城　会　（崑曲）

三国时，桃园弟兄於徐州失散后，关羽身陷曹營，某日聞知刘备、張飞下落，乃辞曹投奔古城而来。張飞因关久居曹营，恐其怀有二心，不肯开城。关正向張剖白之际，曹營蔡陽領兵追来，張飞益疑，关羽奋力斬杀蔡陽，張飞始釋前疑，开門迎关入城，兄弟重归于好。

关　羽…………石大順　　張　飞…………王世杰

遊园、惊梦、堆花（崑曲）

南安太守杜宝之女丽娘終日閟鎖深閨，百无聊賴，春日与婢女春香，私往遊园，見春光明媚，鳥語花香，益感良辰虛度，悵惘而归。梦中于花叢間与书生柳梦梅相会，互通款曲，二人正情話纏綿，旋为母之呼喚声所惊醒。

此剧係明代戏曲家湯显祖名著"牡丹亭"中之一折。素以曲調优美，舞蹈性强为人所称道。堆花花神，旧时由不同行当角色扮演，动作極其簡单，經我校重新排演，改为十二女花神，不仅舞台画面較前美化，更为"惊梦"剧情发展起到渲染作用。

杜丽娘…………陈明珠　　春　香…………史潔华

柳梦梅…………周志剛　　杜　母…………蔡如麟

1961·10·3·

1961年10月3日上海戏校京剧班、昆剧班第二届学员实习演出节目单

俞振飞给戏校京剧班第二届学员费三金说京剧《金玉奴》

　　费三金（生于1947年），京剧小生演员。1960年 考入上海市戏曲学校第二届京剧班，1966年毕业。在校期间即得俞振飞亲授。1980年8月，与王世民、杨渊三人同时正式拜俞振飞为师。

56

上海青年京昆剧团演出特刊

- 印刷品
- 1962年上海市戏曲学校印制
- 19.5×25cm
- 上海艺术研究中心藏

上海青年京昆剧团演出特刊封面　　　　上海青年京昆剧团演出特刊封二：剧团介绍及昆曲介绍

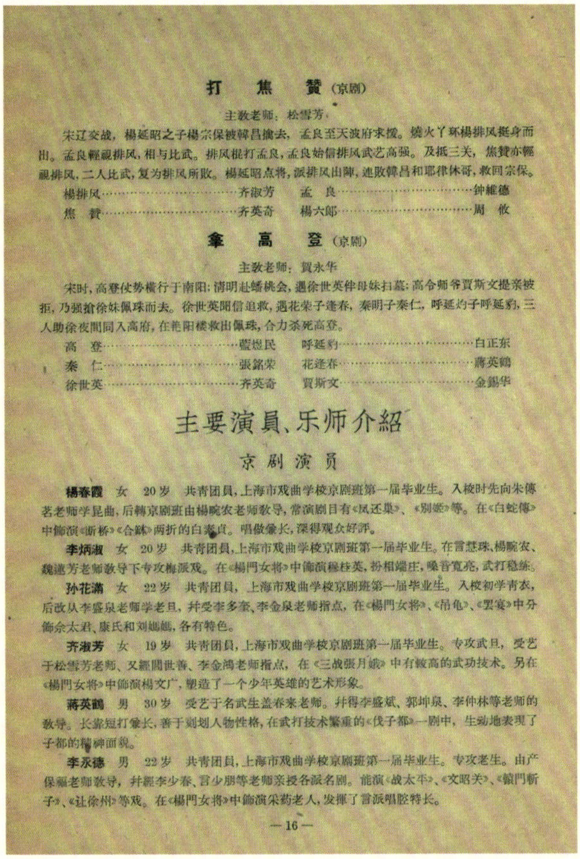

打 焦 贊（京剧）

主教老师：松雪芳

宋辽交战，楊延昭之子楊宗保被韓昌擒去，孟良至天波府求援。燒火丫环楊排风挺身而出。孟良輕視排风，相与比武。排风棍打孟良，孟良始信排风武艺高强。及抵三关，焦贊亦輕視排风，二人比武，复为排风所敗。楊延昭点将，派排风出陣，連敗韓昌和耶律休哥，救回宗保。

楊排风	齐淑芳	孟　良	钟維德
焦　贊	齐英奇	楊六郎	周　攸

拿 高 登（京剧）

主教老师：賀永华

宋时，高登仗势横行于南阳；清明赴蟠桃会，遇徐世英伴母妹扫墓；高令师爷賈斯文提亲被拒，乃强搶徐妹佩珠而去。徐世英聞信追救，遇花榮子逢春，秦明子秦仁，呼延灼子呼延豹，三人助徐夜間同入高府，在艳阳楼救出佩珠，合力杀死高登。

高　登	藍煜民	呼延豹	白正东
秦　仁	張銘荣	花逢春	蔣英鶴
徐世英	齐英奇	賈斯文	金錫华

主要演員、乐师介紹

京剧演员

楊春霞　女　20岁　共青团員，上海市戏曲学校京剧班第一届毕业生。入校时先向朱傳茗老师学昆曲，后轉京剧班由楊畹农老师教导，常演剧目有《凤还巢》、《别姬》等。在《白蛇傳》中飾演《断桥》《合鉢》两折的白素貞。唱做兼长，深得观众好評。

李炳淑　女　20岁　共青团員，上海市戏曲学校京剧班第一届毕业生。在言慧珠、楊畹农、魏蓮芳老师教导下专攻梅派戏。在《楊門女将》中飾演穆桂英，扮相端庄，嗓音寬亮，武打稳练。

孙花滿　女　22岁　共青团員，上海市戏曲学校京剧班第一届毕业生。入校初学青衣，后改从李盛泉老师学老旦，并受李多奎、李金泉老师指点，在《楊門女将》、《吊龟》、《罢宴》中分飾佘太君、康氏和刘媽媽，各有特色。

齐淑芳　女　19岁　共青团員，上海市戏曲学校京剧班第一届毕业生。专攻武旦，受艺于松雪芳老师、又經閻世善、李金鸿老师指点，在《三战張月娥》中有較高的武功技术。另在《楊門女将》中飾演楊文广，塑造了一个少年英雄的艺术形象。

蔣英鶴　男　30岁　受艺于名武生盖春来老师。并得李盛斌、郭坤泉、李仲林等老师的教导。长靠短打兼长，善于刻划人物性格，在武打技术繁重的《伐子都》一剧中，生动地表現了子都的精神面貌。

李永德　男　22岁　共青团員，上海市戏曲学校京剧班第一届毕业生。专攻老生。由产保福老师教导，并經李少春、言少朋等老师亲授各派名剧。能演《战太平》、《文昭关》、《轅門斬子》、《让徐州》等戏。在《楊門女将》中飾演采药老人，发揮了言派唱腔特长。

—16—

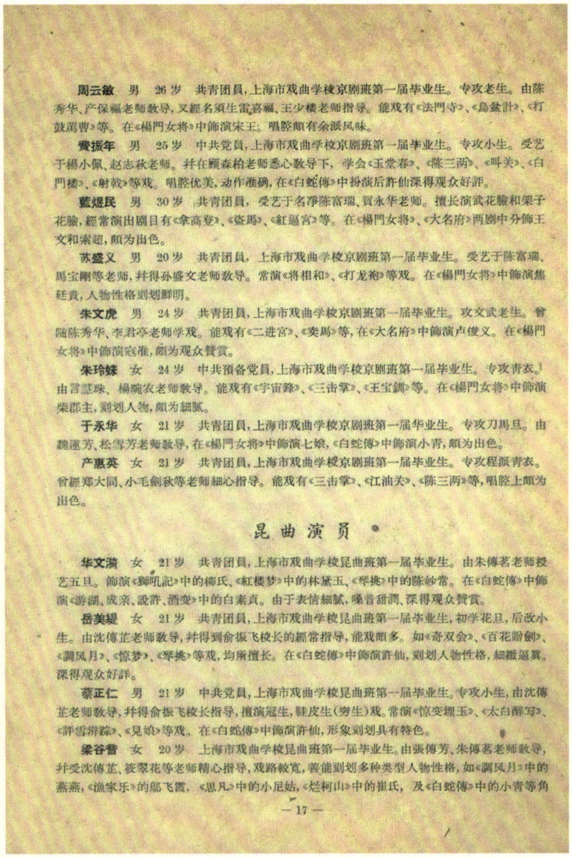

周云敏　男　26岁　共青团員，上海市戏曲学校京剧班第一届毕业生。专攻老生。由陈秀华、产保福老师教导，又經名須生雷喜福、王少楼老师指导。能戏有《法門寺》、《烏盆計》、《打鼓罵曹》等。在《楊門女将》中飾演宋王。唱腔頗有余派风味。

費振年　男　25岁　中共党員，上海市戏曲学校京剧班第一届毕业生。专攻小生。受艺于楊小佩、赵志秋老师。并在顧森柏老师悉心教导下，学会《玉堂春》、《陈三两》、《叫关》、《白門楼》、《射戟》等戏。唱腔优美，动作准确，在《白蛇傳》中扮演后許仙深得观众好評。

藍煜民　男　30岁　共青团員，受艺于名净陈富瑞、賀永华老师。擅长演武花臉和架子花臉，經常演出剧目有《拿高登》、《盗馬》、《紅逼宫》等。在《楊門女将》、《大名府》两剧中分飾王文和索超，頗为出色。

苏盛义　男　20岁　共青团員，上海市戏曲学校京剧班第一届毕业生。受艺于陈富瑞、馬宝剛等老师，并得孙盛文老师教导。常演《将相和》、《打龙袍》等戏。在《楊門女将》中飾演焦廷貴，人物性格刻划鮮明。

朱文虎　男　24岁　共青团員，上海市戏曲学校京剧班第一届毕业生。攻文武老生。曾随陈秀华、李君亭老师学戏。能戏有《二进宫》、《卖馬》等，在《大名府》中飾演卢俊义。在《楊門女将》中飾演寇准，頗为观众贊賞。

朱玲妹　女　24岁　中共預备党員，上海市戏曲学校京剧班第一届毕业生。专攻青衣。由言慧珠、楊畹农老师教导。能戏有《宇宙鋒》、《三击掌》、《王宝釧》等。在《楊門女将》中飾演柴郡主，刻划人物，頗为細膩。

于永华　女　21岁　共青团員，上海市戏曲学校京剧班第一届毕业生。专攻刀馬旦。由魏蓮芳、松雪芳老师教导，在《楊門女将》中飾演七娘，《白蛇傳》中飾演小青，頗为出色。

产惠英　女　21岁　共青团員，上海市戏曲学校京剧班第一届毕业生。专攻程派青衣。曾經郑大同、小毛劍秋等老师細心指导。能戏有《三击掌》、《江油关》、《陈三两》等，唱腔上頗为出色。

昆曲演员

华文漪　女　21岁　共青团員，上海市戏曲学校昆曲班第一届毕业生。由朱傳茗老师授艺五旦。飾演《獅吼記》中的柳氏、《紅楼梦》中的林黛玉、《琴挑》中的陈妙常。在《白蛇傳》中飾演《游湖、成亲、說許、酒变》中的白素貞。由于表情細膩，嗓音甜潤，深得观众贊賞。

岳美緹　女　21岁　共青团員，上海市戏曲学校昆曲班第一届毕业生，初学花旦，后改小生。由沈傳芷老师教导，并得到俞振飞校长的經常指导，能戏頗多。如《奇双会》、《百花贈劍》、《調风月》、《惊梦》、《琴挑》等戏，均所擅长。在《白蛇傳》中飾演許仙，刻划人物性格，細緻逼真。深得观众好評。

蔡正仁　男　21岁　中共党員，上海市戏曲学校昆曲班第一届毕业生。专攻小生，由沈傳芷老师教导，并得俞振飞校长指导，擅演冠生，鞋皮生（穷生）戏。常演《惊变埋玉》、《太白醉写》、《評雪辨踪》、《見娘》等戏。在《白蛇傳》中飾演許仙，形象刻划具有特色。

梁谷音　女　20岁　上海市戏曲学校昆曲班第一届毕业生。由張傳芳、朱傳茗老师教导，并受沈傳芷、筱翠花等老师精心指导，戏路較寬，善能刻划多种类型人物性格，如《調风月》中的燕燕，《漁家乐》的鄔飞霞，《思凡》中的小尼姑，《烂柯山》中的崔氏，及《白蛇傳》中的小青等角

—17—

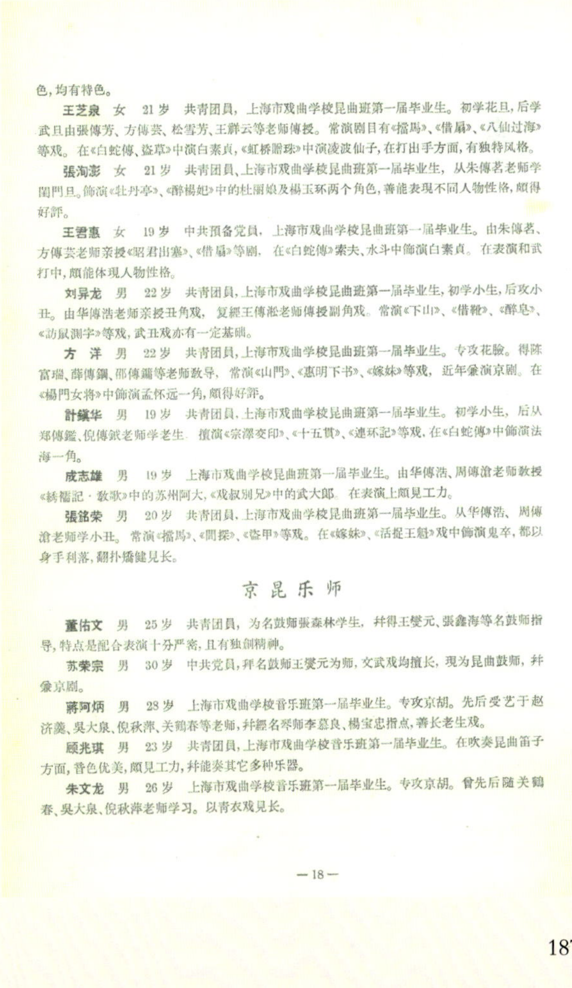

色，均有特色。

王芝泉　女　21岁　共青团員，上海市戏曲学校昆曲班第一届毕业生。初学花旦，后学武旦由張傳芳、方傳芸、松雪芳、王群云等老师傳授。常演剧目有《擋馬》、《借扇》、《八仙过海》等戏。在《白蛇傳、盜草》中演白素貞，《虹桥贈珠》中演凌波仙子，在打出手方面，有独特风格。

張洵澎　女　21岁　共青团員、上海市戏曲学校昆曲班第一届毕业生，从朱傳茗老师学閨門旦。飾演《牡丹亭》、《醉楊妃》中的杜丽娘及楊玉环两个角色，善能表現不同人物性格，頗得好評。

王君惠　女　19岁　中共預备党員，上海市戏曲学校昆曲班第一届毕业生。由朱傳茗、方傳芸老师亲授《昭君出塞》、《借扇》等剧，在《白蛇傳》索夫、水斗中飾演白素貞。在表演和武打中，頗能体現人物性格。

刘异龙　男　22岁　共青团員，上海市戏曲学校昆曲班第一届毕业生，初学小生，后攻小丑。由华傳浩老师亲授丑角戏，复經王傳淞老师傳授副角戏。常演《下山》、《借靴》、《醉皂》、《訪鼠測字》等戏，武丑戏亦有一定基础。

方　洋　男　22岁　共青团員，上海市戏曲学校昆曲班第一届毕业生。专攻花臉。得陈富瑞、薛傳鋼、邵傳鏞等老师教导，常演《山門》、《惠明下书》、《嫁妹》等戏，近年兼演京剧。在《楊門女将》中飾演孟怀远一角，頗得好評。

計鎮华　男　19岁　共青团員，上海市戏曲学校昆曲班第一届毕业生。初学小生，后从郑傳鑑、倪傳鉞老师学老生。擅演《宗澤交印》、《十五貫》、《連环記》等戏，在《白蛇傳》中飾演法海一角。

成志雄　男　19岁　上海市戏曲学校昆曲班第一届毕业生。由华傳浩、周傳滄老师教授《綉襦記·教歌》中的苏州阿大，《戏叔别兄》中的武大郎。在表演上頗見工力。

張銘荣　男　20岁　共青团員，上海市戏曲学校昆曲班第一届毕业生。从华傳浩、周傳滄老师学小丑。常演《擋馬》、《問探》、《盗甲》等戏。在《嫁妹》、《活捉王魁》戏中飾演鬼卒，都以身手利落，翻扑矯健見长。

京昆乐师

董佑文　男　25岁　共青团員，为名鼓师張森林学生，并得王燮元、張鑫海等名鼓师指导，特点是配合表演十分严密，且有独創精神。

苏荣宗　男　30岁　中共党員，拜名鼓师王燮元为师，文武戏均擅长，現为昆曲鼓师，并兼京剧。

蔣阿炳　男　28岁　上海市戏曲学校音乐班第一届毕业生。专攻京胡。先后受艺于赵济羹、吳大泉、倪秋萍、关鶴春等老师，并經名琴师李慕良、楊宝忠指点，善长老生戏。

顾兆琪　男　23岁　共青团員，上海市戏曲学校音乐班第一届毕业生。在吹奏昆曲笛子方面，音色优美，頗見工力，并能奏其它多种乐器。

朱文龙　男　26岁　上海市戏曲学校音乐班第一届毕业生。专攻京胡。曾先后随关鶴春、吳大泉、倪秋萍老师学习。以青衣戏見长。

—18—

上海青年京昆剧团演出特刊内页及封三：
主要演员、乐师介绍

1961年8月，上海市戏曲学校京剧班和昆曲班首届学员同时毕业，成立上海青年京昆实验剧团。

1961年12月18日至1962年1月24日，上海青年京昆实验剧团以"上海青年京剧团"的名义赴香港演出，孟波任团长，刘厚生任副团长，俞振飞、言慧珠任艺术指导。演出获得巨大成功。

1. 上海市戏曲学校第一届昆曲班毕业合影
   （1961年8月1日）
   坐者右九为俞振飞，右十一为言慧珠

2. 香港《文汇画报》第64期登载上海青年京剧团
   莅港演出特辑（1961年12月21日）

3. 俞振飞、言慧珠与上海青年京昆实验剧团演员
   在九龙普庆戏院演出后向观众谢幕

57

苏浙沪昆曲观摩演出大会暨昆剧前辈联合演出说明书

- 印刷品
- 1962年12月印制
- 19.5×27cm
- 上海艺术研究中心藏

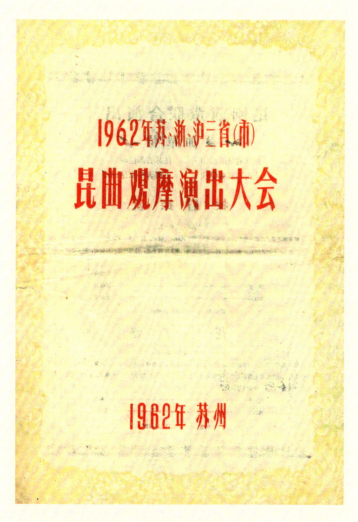

苏浙沪昆曲观摩演出大会暨昆剧前辈联合演出说明书

1962年12月13—26日，江苏省、浙江省、上海市文化局在苏州联合举办"1962年苏、浙、沪三省（市）昆曲观摩演出大会"。俞振飞、言慧珠率上海市戏曲学校传字辈教师及上海青年京昆剧团参演。俞振飞与郑传鉴、华传浩、包传铎、言慧珠等演出传统折子戏《西楼记·赠马》《千忠戮·八阳》《长生殿·迎像哭像》及新编昆剧《墙头马上》等剧目。

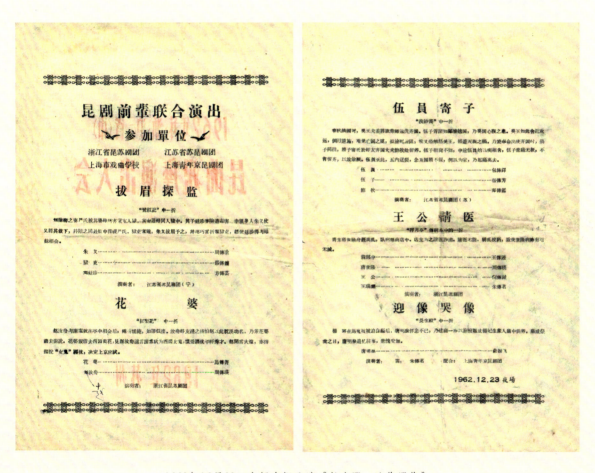

1962年12月23日夜场俞振飞演《长生殿·迎像哭像》

复任校长

1982年，俞振飞以耄耋之年复任上海市戏曲学校校长，
1984年辞去校长职务，任名誉校长，仍为戏校建设倾注心血。

1986年上海市戏曲学校昆三班招生，名誉校长俞振飞面试学生

58

俞振飞两次向上海市戏曲学校捐款收据

· 文件
· 1980年、1985年上海市戏曲学校出具
· 2件各1张，19×27cm
· 上海艺术研究中心藏（唐葆祥捐赠）

1980年7月俞振飞捐款14202.66元为上海市戏曲学校购置空调、电扇等设备，改善实验剧场教学条件。

上 海 市 戏 曲 学 校

捐 款 收 据

今收到俞振飞校长《"文革"抄家散
失物品经济补偿款》叁千壹百肆拾贰元捌
角贰分。捐献给上海市戏曲学校用于昆曲
教学事业。

上海市戏曲学校

一九八五年十二月卅一日

　　1985年12月，俞振飞将其"文革"抄家散失物品经
济补偿款3142.82元捐献给上海市戏曲学校，用于昆曲教
育事业。

59

上海市戏曲学校昆剧科学生（昆三班）首次汇报演出说明书

- 印刷品
- 1988年12月印制
- 17.5×25cm
- 上海艺术研究中心藏

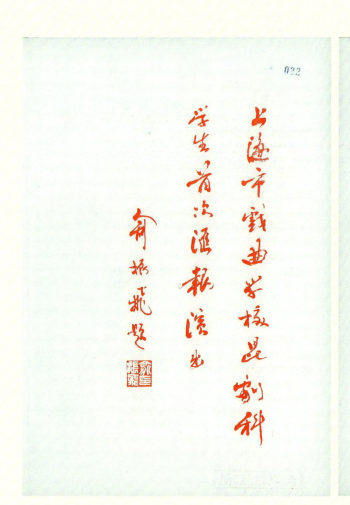

前　言

昆剧，亦称昆曲，产生于明代嘉靖、隆庆之间（1552—1572年间）的江苏昆山，迄今已有四百多年的历史。

昆剧溶合诗、剧、歌、舞于一炉，具有高度的艺术价值，是中华民族的艺术瑰宝，是我国戏曲宝库中的一颗璀璨明珠。

为了继承和振兴昆剧，上海市戏曲学校自一九五四年起，招收培训了两届昆剧班，毕业后组建成现在的上海昆剧团，在国内外的实践演出中均获得良好的声誉。一九八六年，戏校重建昆剧科，招收了演员、音乐两个班，八十余名学生。两年多来，以基本功训练为主，并教学排练了一批传统剧目。演员的年龄均在十四岁左右，天真可爱，但毕竟是初级学龄阶段，技艺稚嫩，首次汇报演出，恳请观众提出宝贵意见。

祝　贺　单　位

上海鼓风机厂、上海空调机厂、上海阀门七厂、上海阀门五厂、上海电热文化艺术协会、上海市第四建筑工程公司查景忠经理、上海银河旅行社等单位。

上袜二厂　　　　　　　厂长：倪诚骏

金松牌袜子　　舒适柔软，式样美观

上海市戏曲学校昆剧科演于**上海艺术剧场**

一九八八年十二月

说明书封面（俞振飞题嵤）、前言

196

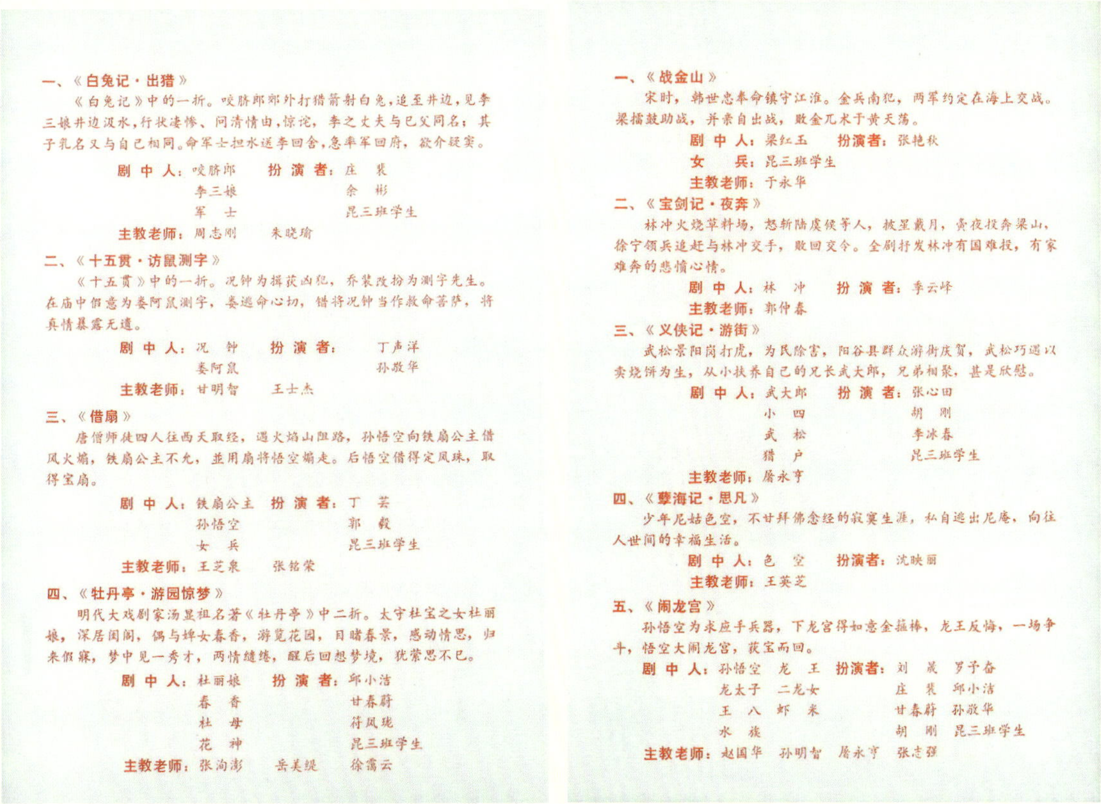

一、《白兔记·出猎》

《白兔记》中的一折。咬脐郎郊外打猎箭射白兔，追至井边，见李三娘井边汲水，行状凄惨、问清情由，惊诧，李之丈夫与已父同名；其子乳名又与自己相同。命军士担水送李回舍，急率军回府，欲介疑窦。

剧中人：咬脐郎　**扮演者：**庄　装
李三娘　余　彬
军　士　昆三班学生
主教老师：周志刚　朱晓瑜

二、《十五贯·访鼠测字》

《十五贯》中的一折。况钟为擒获凶犯，乔装改扮为测字先生。在庙中假意为娄阿鼠测字，娄逃命心切，错将况钟当作救命菩萨，将真情暴露无遗。

剧中人：况　钟　**扮演者：**丁声洋
娄阿鼠　孙敬华
主教老师：甘明智　王士杰

三、《借扇》

唐僧师徒四人往西天取经，遇火焰山阻路，孙悟空向铁扇公主借风火煽，铁扇公主不允，並用扇将悟空煽走。后悟空借得定风珠，取得宝扇。

剧中人：铁扇公主　**扮演者：**丁　芸
孙悟空　郭　毅
女　兵　昆三班学生
主教老师：王芝泉　张铭荣

四、《牡丹亭·游园惊梦》

明代大戏剧家汤显祖名著《牡丹亭》中二折。太守杜宝之女杜丽娘，深居闺阁，偶与婢女春香，游览花园，目睹春景，感动情思，归来假寐，梦中见一秀才，两情缱绻，醒后回想梦境，犹萦思不已。

剧中人：杜丽娘　**扮演者：**邱小洁
春　香　甘春蔚
杜　母　符凤珑
花　神　昆三班学生
主教老师：张洵澎　岳美缇　徐霭云

一、《战金山》

宋时，韩世忠奉命镇守江淮。金兵南犯，两军约定在海上交战。梁擂鼓助战，并亲自出战，败金兀术于黄天荡。

剧中人：梁红玉　**扮演者：**张艳秋
女　兵：昆三班学生
主教老师：于永华

二、《宝剑记·夜奔》

林冲火烧草料场，怒斩陆虞侯等人，披星戴月，黄夜投奔梁山，徐宁领兵追赶与林冲交手，败回交令。全剧抒发林冲有国难投，有家难奔的悲愤心情。

剧中人：林　冲　**扮演者：**季云峰
主教老师：郭仲春

三、《义侠记·游街》

武松景阳岗打虎，为民除害，阳谷县群众游街庆贺，武松巧遇以卖烧饼为生，从小扶养自己的兄长武大郎，兄弟相聚，甚是欣慰。

剧中人：武大郎　**扮演者：**张心田
小　四　胡　刚
武　松　李冰春
猎　户　昆三班学生
主教老师：屠永亨

四、《孽海记·思凡》

少年尼姑色空，不甘拜佛念经的寂寞生涯，私自逃出尼庵，向往人世间的幸福生活。

剧中人：色　空　**扮演者：**沈映丽
主教老师：王英芝

五、《闹龙宫》

孙悟空为求应手兵器，下龙宫得如意金箍棒，龙王反悔，一场争斗，悟空大闹龙宫，获宝而回。

剧中人：孙悟空　龙　王　**扮演者：**刘　晟　罗予奋
龙太子　二龙女　庄　装　邱小洁
王　八　虾　米　甘春蔚　孙敬华
水　族　胡　刚　昆三班学生
主教老师：赵国华　孙明智　屠永亨　张志强

节目单

昆三班首次汇报演出后俞振飞、李蔷华和参加演出的师生合影（1988年12月）

桃李门墙

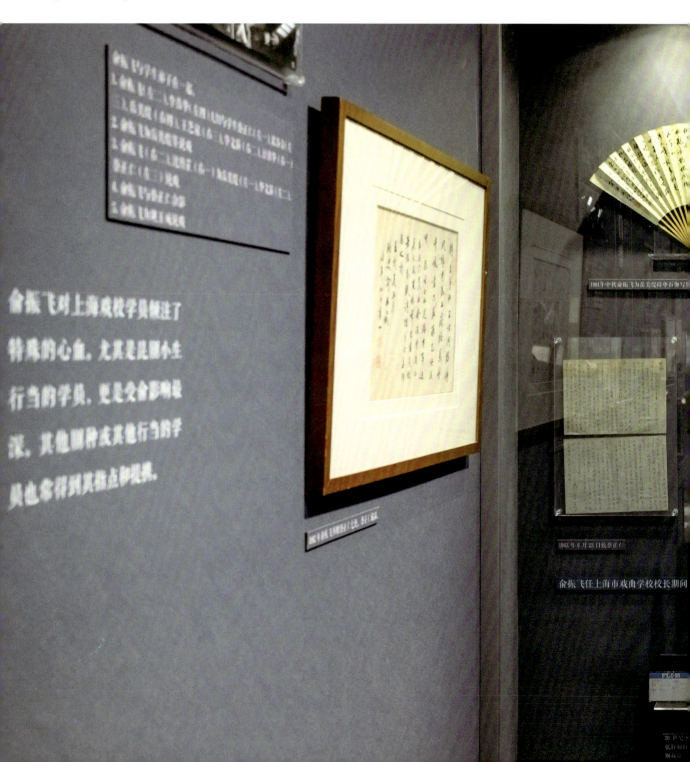

俞振飞对上海戏校学员倾注了特殊的心血，尤其是昆剧小生行当的学员，更是受命影响最深。其他剧种或其他行当学员也常得到其指点和提携。

行云回雪，几度沧桑歌未歇。大好河山，碧管红牙海宇宽。

盛时新唱，应喜后来居我上。老健还加，愿作春泥更护花。

——俞振飞《减字木兰花·为上海昆剧团题》（1982）

"桃李门墙"展墙、展柜

润物无声

　　俞振飞对学生关怀无微不至。除了耳提面命，言传身教，他还常以写信的方式关心、教育、鼓励学生，春风化雨，润物无声，小到生活细节、技艺训练，大到业务方向、艺术修养、思想状态，无话不谈，坦率真诚。

你的嗓子，我认为主要是发音方面，你还需要多注意一些方法。

如果能学几出京戏唱，我看对你的发音很有帮助的。（并不动

你腔唱昆剧小生）要多研究，可以随着你的嗓子多，调门的，这也是我

几十年来的经验教训，如果唱过两出京戏，再唱昆曲，就会感

觉松动、舒服。另外，唱炭的口型也很重要，口型不对就不仅字

眼不准，也影响到"声"和"气"的问题。这些问题，我准备回上

海好好，锻炼锻炼，把这个"由戏修养"二出戏曲说炭，好好练着不

悦耳……动听，那就是没有尽到你做店尽的责任。"

60

俞振飞致蔡正仁书信

- 手稿
- 1963年6月23日
- 2张，25×17cm
- 唐吉慧藏

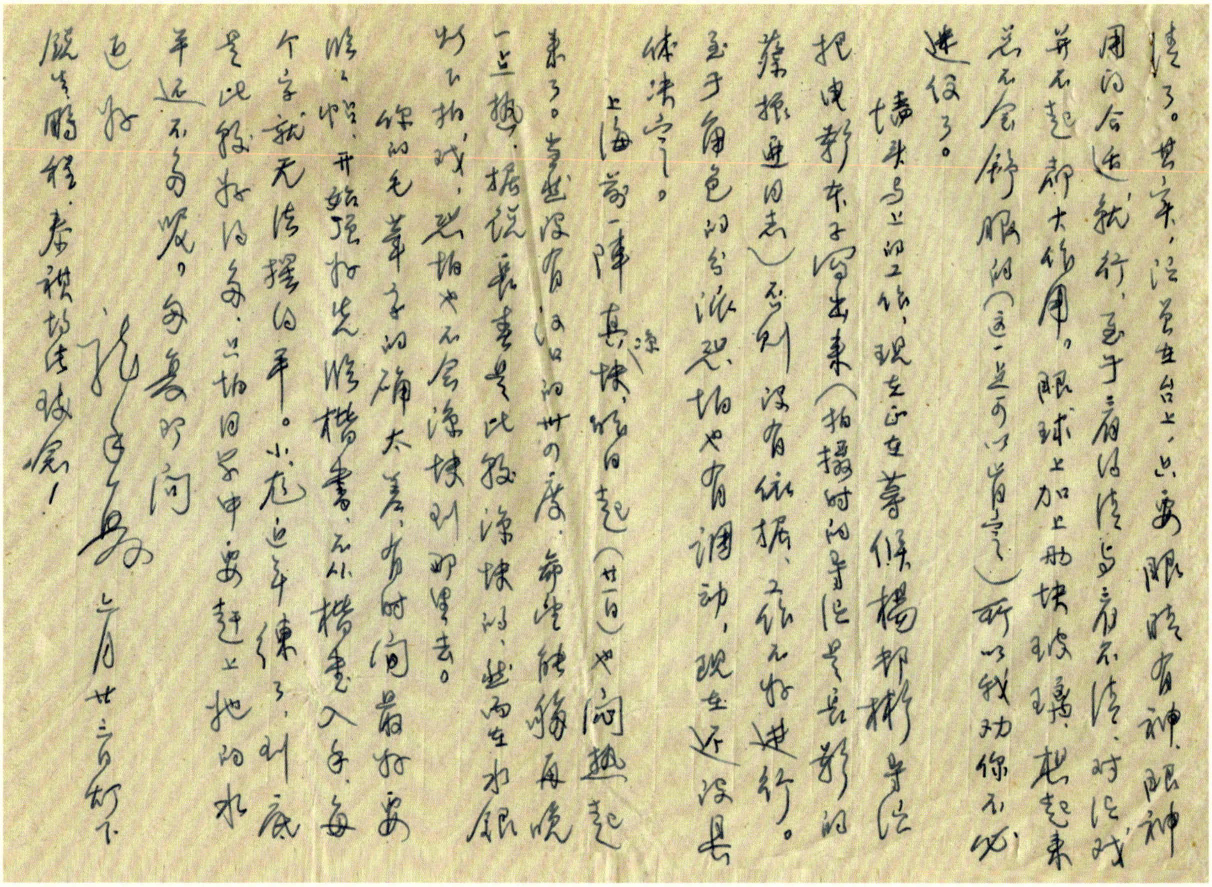

1963年6月23日俞振飞致蔡正仁

蔡正仁（生于1941年），昆剧小生演员。1954年考入华东戏曲研究院昆曲演员训练班（1955年改制为上海市戏曲学校昆曲班），1961年8月毕业。师从沈传芷、俞振飞。

1963年6月23日，俞振飞在上海，蔡正仁随青年京昆实验剧团在武汉演出。俞振飞在信中谈及蔡正仁扁桃体发炎及是否要佩戴无形眼镜（即隐形眼镜）等问题。

61

俞振飞致王泰祺书信

- 手稿
- 1963年11月26日
- 2张，25×17cm
- 唐吉慧藏

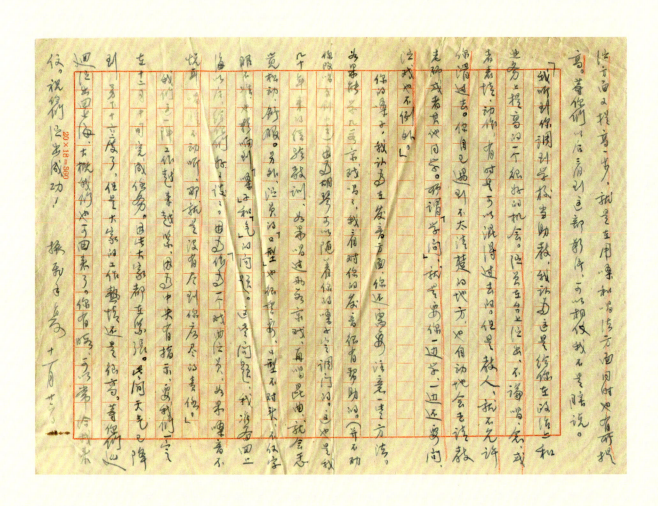

王泰祺（生于1941年），昆剧小生演员。1954年考入华东戏曲研究院昆曲演员训练班（1955年改制为上海市戏曲学校昆曲班），1961年8月毕业。师从沈传芷、俞振飞。

1963年11月26日，俞振飞在长春拍摄《墙头马上》，王泰祺在上海市戏曲学校当助教。俞振飞在信中现身说法，为王泰祺做思想工作，并就王的嗓子问题提出"学几段京戏唱唱"的具体建议。

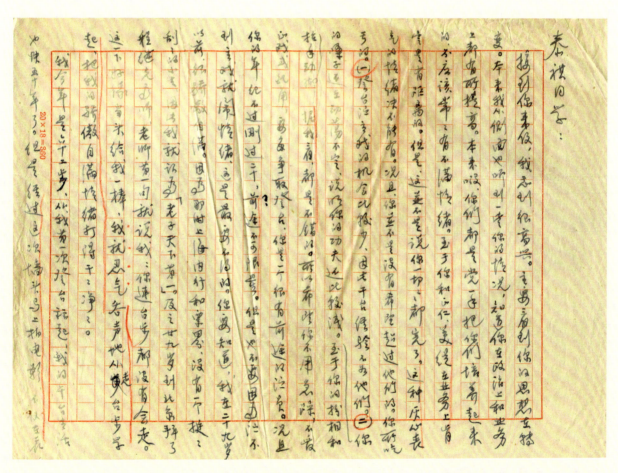

1963年11月26日俞振飞致王泰祺

205

62

俞振飞致陆柏平书信

- 手稿
- 1961年8月18日
- 2张，25×17cm
- 唐吉慧藏

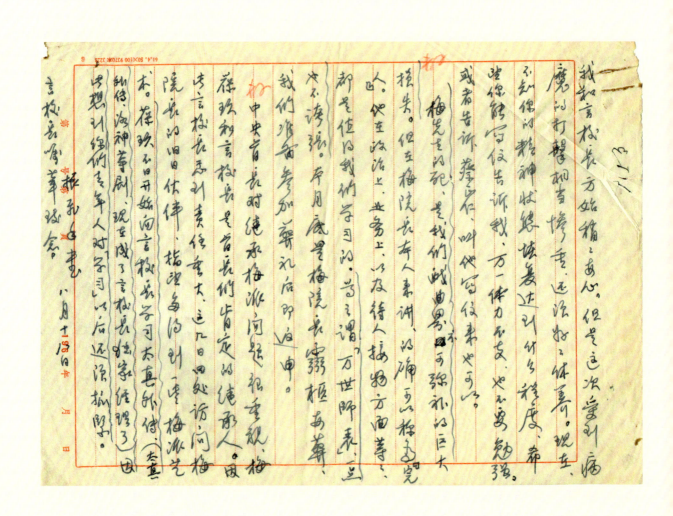

陆柏平（生于1939年），京剧小生演员。1956年考入上海市戏曲学校京剧班，1961年8月毕业。

1961年8月1日上海市戏曲学校举行第一届昆曲班毕业典礼暨上海青年京昆实验剧团建团大会，会后聚餐，因消毒不严，发生食物中毒，部分学生急送广慈医院救治，陆柏平病情尤重。8月3日上午，俞振飞前往探视，当天下午，偕言慧珠赴青岛度婚假，仍不释怀，拍电报请周玑璋、陈洛宁两位副校长告知住院学生状况。8月8日晚，俞、言在青岛获知梅兰芳逝世的噩耗；10日黎明，搭乘军用飞机自青岛抵达北京，参加当日举行的公祭梅兰芳仪式；17日获知中毒学生都已脱险，始稍安心。18日，俞振飞致书陆柏平，述8月1日以来的经过，关心陆柏平及全体学生的健康，言及梅兰芳先生，说"誉之谓'万世师表'，一点也不夸张"。

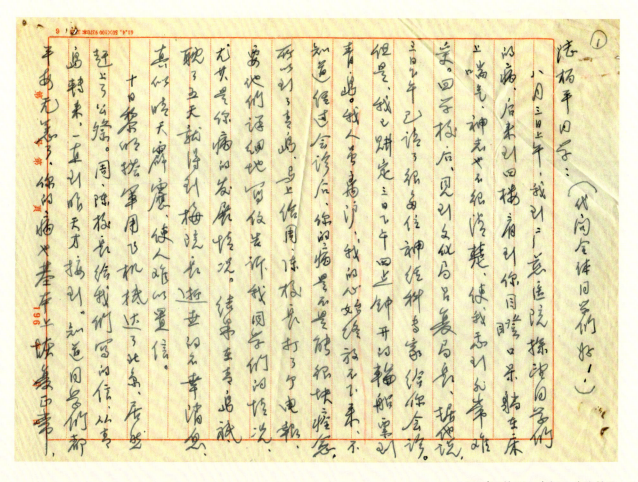

1961年8月18日俞振飞致陆柏平

63

俞振飞致华文漪书信

- 手稿
- 1962年9月20日
- 2张，25 × 17cm
- 唐吉慧藏

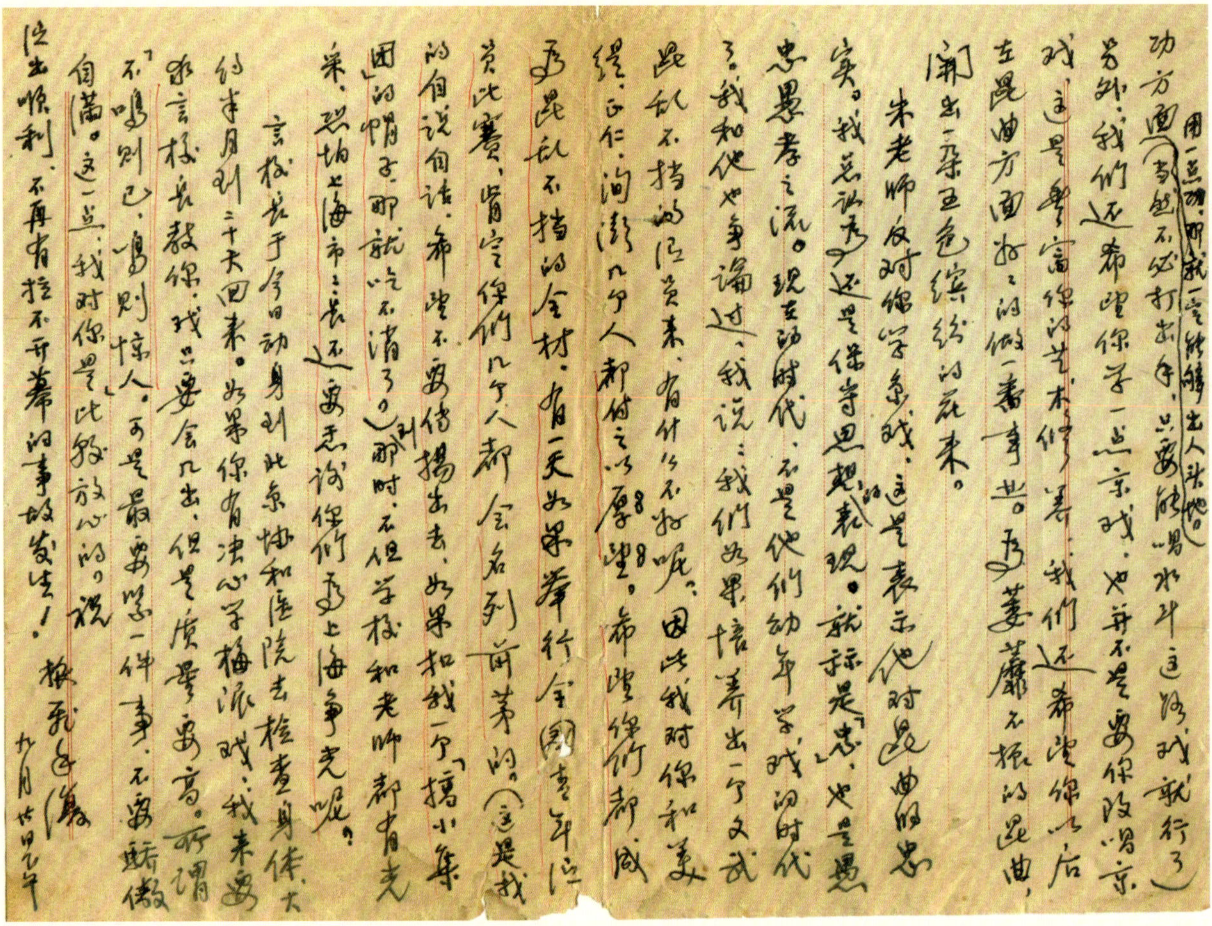
功方面（当然不必打出手，只要能够唱水斗这段戏就行了）用一点功，那就一定能够出人头地。另外，我们还希望你学一点京戏，也并不是要你改唱京戏，这是要丰富你的艺术修养。我们还希望你以后在昆曲方面努力做一番事业，为萎靡不振的昆曲，闯出一条五色缤纷的花来。

朱老师反对你学京戏，这是表示他对昆曲的忠实。我总认为这还是保守思想的表现。就称是"忠"，也是愚忠愚孝之流。现在的时代，不是他们幼年学戏的时代了。我和他也争论过，我说：我们如果培养出一个文武昆乱不挡的演员来，有什么不好呢？因此我对你和美缇、正仁、洵澎几个人都付之以厚望。希望你们都成为昆乱不挡的全材。有一天如果举行全国青年演员比赛，肯定你们几个人都会名列前茅的。（这是我的自说自话，希望不要传扬出去，如果扣我一个"搞小集团"的帽子，那就吃不消了。）那时，不但学校和老师都有光采，恐怕上海市市长也还要表扬你们为上海争光呢。

言校长于今日动身到北京协和医院去检查身体，大约本月二十六回来。如果你有决心学梅派戏，我来要求言校长教你。我只要会几出，但是质量要高。所谓"不鸣则已，一鸣则惊人"。可是最要紧一件事，不要骄傲自满。这一点，我对你是比较放心的。祝

演出顺利，不再有拉不开幕的事故发生！ 振飞手泐

九月廿日上午

华文漪（1941—2022），昆剧旦角演员。1954年考入华东戏曲研究院昆曲演员训练班（1955年改制为上海市戏曲学校昆曲班），1961年8月毕业。师从朱传茗等，并受教于俞振飞、言慧珠。

1962年9月20日，俞振飞在上海，华文漪随青年京昆实验剧团在北京演出。俞振飞在信中谈及京剧老派青衣与闺门旦的异同，建议华文漪"学一点京戏"，加强武功，并坦率地提及他与朱传茗在华文漪是否应该学京戏这个问题上的分歧，对华文漪、岳美缇、蔡正仁、张洵澎"付之以厚望"。

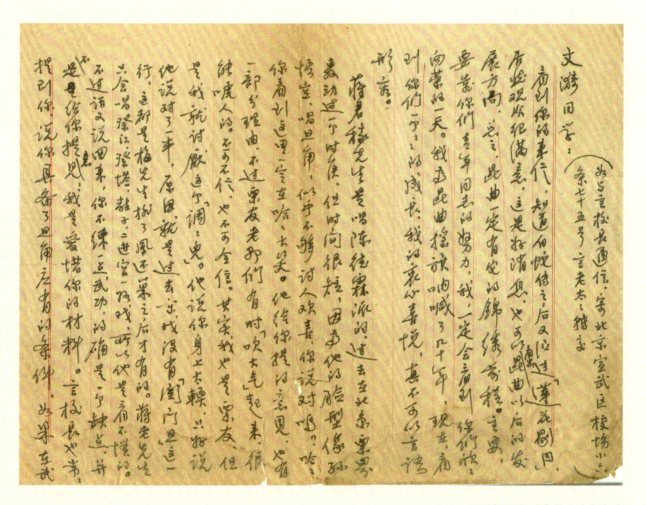

1962年9月20日俞振飞致华文漪

64

俞振飞致刘觉书信

· 手稿
· 1960年9月17日
· 2张，17×25cm
· 唐吉慧藏

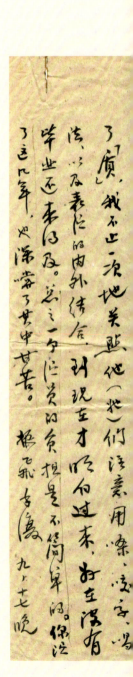

刘觉（生于1940年），越剧小生演员。1954年考入华东戏曲研究院越剧演员训练班（1955年改制为上海市戏曲学校越剧班），1959年毕业。得校长俞振飞赏识、指点。

1960年9月17日，俞振飞在上海，刘觉随上海越剧院实验剧团下部队演出。俞振飞在信中表示要帮助刘觉研究越剧男小生的用嗓，并言及昆班学生的嗓音问题。

刘觉同学：

来信收到。看到你最近的这些体会，说明你在政治上又进了一步。解放军的艰苦朴素优良作风，是每个青年必需学习的榜样。我校同学们演出回来，就要成立实验剧团，成立后的首先任务，就是下部队演出。况且前宴以锣鼓为中心的增产节约运动，效果不搞正工农兵是会有帮助的。

越剧男小生演店误剧造出一种唱法和用嗓方法来，不妨尽力不讨好。另一个问题，观众看了男小生认为不过瘾。当然，几年末听说你也在这方面尽了很大努力。我尚想着一次你的演出

最近看到广告你们在专家演方面已经，担心散戏后交通工具不方便，所以没有勇气去。等你在大众成瑞金等院演出时，希望你通知我，我一定要听一次，研究一下你的用嗓问题。

以后你为有空闲的时候，打个给我直个电话

1960年9月17日俞振飞致刘觉

211

耄耋传艺

改革开放时期，俞振飞以耄耋高龄，又收录多名京剧、昆曲弟子，在繁忙的社会活动中抽出时间，传艺不辍，甚至对于隔行后辈，亦不辞劳苦，悉心辅导。

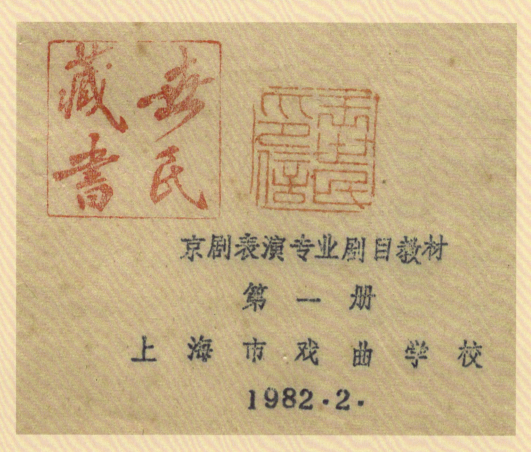

京剧表演专业剧目教材

第 一 册

上 海 市 戏 曲 学 校

1982·2·

上海戏校剧目教材《鸿鸾禧》（展品65）封面钤印
左上"世民藏书"钤印印稿系俞振飞为王世民墨笔绘制

65

上海市戏曲学校京剧表演班剧目教材《红（鸿）鸾禧》

· 油印本

· 1982年上海市戏曲学校印制

· 19.3×26.5cm

· 上海艺术研究中心藏（王世民捐赠）

上海市戏曲学校京剧表演班剧目教材
《红（鸿）鸾禧》（即《金玉奴》）教材封面

金 松	哈哈，姑娘，我错怪你了，豆汁端来了吗？
金玉奴	端来了，都凉了。
金 松	凉了？
莫 稽	凉的 我也将就了哇。
金玉奴	爹呀，我再给他端点热的去。爹呀，热的来啦。
金 松	我再给你对点热的。烫！
莫 稽	啊，烫了我的香头了。
金玉奴	俄急了，看他吃的多香呀！
莫 稽	老丈，可还有了？
金 松	无有了。
莫 稽	怎么无有了？哈哈，哈哈，啊，哈……
（唱）	吃完这豆汁浆精神抖擞，
	这才是热心肠侠义之流，
	走上前施一礼多谢搭救。

上海市戏曲学校京剧表演班剧目教材
《红（鸿）鸾禧》内页俞振飞修改笔迹

　　王世民（生于1947年），京剧小生演员。1959年考入上海市戏曲学校第二届京剧班，1966年毕业。在校期间即得俞振飞亲授。1980年8月，与费三金、杨渊三人同时正式拜俞振飞为师。

　　1982年，王世民拟演出《鸿鸾禧》，请俞振飞为之说戏，并根据俞振飞提出的要求，先将戏校油印剧本教材带给俞振飞审阅。俞振飞为之逐字订正，然后一招一式地将此剧教给了王世民；又为王世民设计绘制"世民藏书"印稿，该教材封面钤有此印。

66

俞振飞为弟子姚玉成说戏留影

· 照片复制件
· 20世纪80年代
· 原照6吋
· 朱立君藏

俞振飞为弟子姚玉成说戏

　　姚玉成（生于1935年），北京京剧院小生演员。70年代末，俞振飞在电视上见到姚玉成在京剧《人面桃花》中的表演，十分欣赏，主动提出收他为弟子。经上海艺术研究所王家熙联系介绍，姚玉成获知后十分感动，1980年3月来沪正式拜俞振飞为师。

67

俞振飞为张静娴拍曲录音带

· 自录盒式录音带
· 1982—1985年
· 5盒，盒10.9×6.9×1.6cm
· 张静娴藏

俞振飞为张静娴拍曲录音带（含沈传芷授课录音）

　　张静娴（生于1947年），昆剧旦角演员。1959年考入上海市戏曲学校第二届昆曲班，1966年毕业。师从朱传茗、沈传芷等。

　　1982年，张静娴提出向俞振飞学曲子。俞振飞欣然应允，三年间为之拍授《絮阁》《题曲》《受吐》《折柳阳关》《乔醋》等多出折子戏的旦角唱念。

春泥护花

俞振飞爱护学生，视同儿女。自言"愿做春泥更护花"，对后辈门人常加勉励、提携。

俞振飞、李蔷华夫妇与学生在一起（1983年）

左起：蔡正仁、俞振飞、梁谷音、李蔷华、岳美缇、王芝泉、华文漪、计镇华

68

俞振飞题赠蔡正仁七绝

· 手迹
· 1982年题写
· 外框77×55cm，画芯42×30cm
· 蔡正仁藏

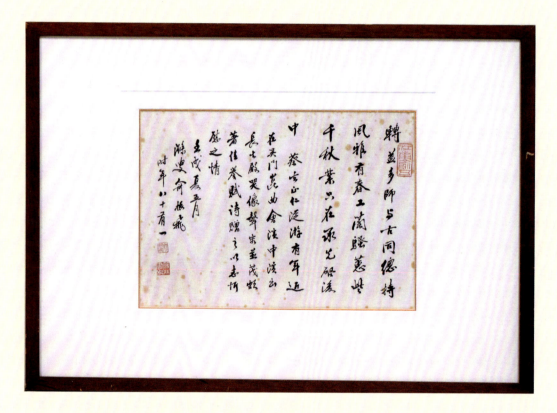

　　1982年5月25日—6月3日，文化部、江苏省文化局、浙江省文化局、上海市文化局、苏州市文化局在苏州联合举办"1982年苏、浙、沪两省一市昆剧会演"。俞振飞率上海代表团赴苏出席开幕式并致辞。蔡正仁演《长生殿·哭像》，深获好评。回沪后，俞振飞赋诗题赠蔡正仁：

　　转益多师与古同，总持风雅有春工。兰骚蕙些千秋业，只在承先启后中。

　　蔡生正仁从游有年，近在吴门昆曲会演中演出《长生殿·哭像》，声容并茂，颇著佳誉。赋诗赠之，以志忻慰之情。

　　壬戌夏五月

　　涤叟俞振飞

　　时年八十有一

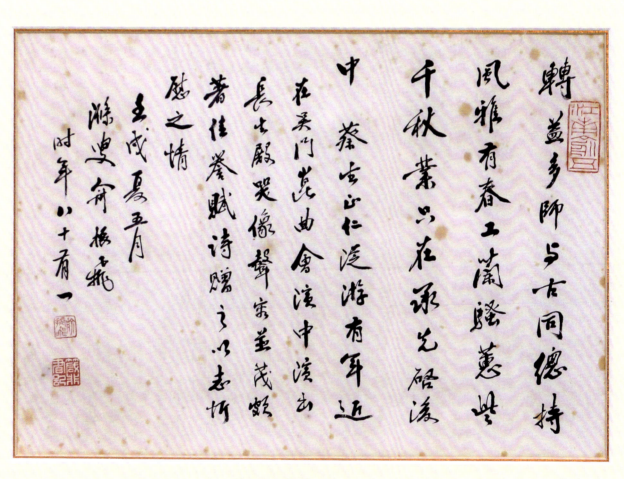

轉益多師與古同 德持

風雅有春工蘭隖蕙些

千秋業只在諛先啟後

中蔡吉正仁遂游有年近

在吳門崑曲會演中演出

長生殿哭像聲容並茂豁

著佳譽賦詩贈之以志欣

慰之情

壬戌夏五月

滁叟俞振飛

時年八十有一

俞振飞题赠蔡正仁七绝

221

69

申石伽画、俞振飞书赠岳美缇扇箑

· 折扇
· 作于1983年
· 正面申石伽绘竹石，背面俞振飞书《牡丹亭·拾画》曲词
· 高32cm，展开45cm
· 岳美缇藏

申石伽绘竹石

岳美缇受俞振飞濡染，爱好书画，尤喜写竹，师从上海工艺美术学校校长申石伽（1906—2001）。1983年旧历五月，申石伽为岳美缇绘竹石扇面。同年中秋，俞振飞于背面书《牡丹亭·拾画》【颜子乐】【千秋岁】二曲曲词，题：

癸亥中秋录《牡丹亭·拾画》【颜子乐】【千秋岁】两曲。

美缇女弟属书

俞振飞　年方八二

俞振飞书《牡丹亭·拾画》曲词

70

俞振飞书赠王世民《自勉诗》扇面

- · 折扇
- · 俞振飞书于1981年夏
- · 正面印刷山水画，背面俞振飞书《自勉诗》曲词
- · 高32cm，展开50cm
- · 王世民藏

　　所书七律初为1980年4月文化部举办"俞振飞演剧生活六十年纪念活动"期间，俞振飞为《解放日报》而作。1981年夏，为持扇求字的弟子王世民重题此诗，小序略有删节：

　　　　一身喜在百花中，八十衰年头未童。劫后犹能承雨露，人前偶或抚丝桐。光风霁月湖山曙，美景良辰海宇同。老兴婆娑心激荡，长征愿唱大江东。

　　　　余自习曲登场，忽忽已六十年于兹。俯仰平生，汗颜何似？

　　　　世民同学属书

　　　　辛酉夏　俞振飞　时年八十

　　附1980年4月书赠《解放日报》原序：

　　　　余自习曲登场，忽忽已六十年于兹。承党和人民深切关怀，在沪举行纪念活动。俯仰平生，汗颜何似？赋此一律，藉表感愧之心，并以自勉云尔。

俞振飞书《自勉诗》

伍 | 大师流芳

我是一个普通的昆剧、京剧演员，今年已83岁了。近年来，还要在各地舞台上演出几次，为这两个古老剧种做一点儿工作。

——俞振飞《业精于勤》（1984）

艺术常青

一弹指顷，七十年前事。鸣过寮寥笛声起，记黄昏灯火，总角韶华，都付与、云影江乡歌里。幼时在苏，每夕饭罢，父自卧室门后探笛，出而课余习曲，督教甚严。时历七十余载，此景犹在目前。余所习第一支曲为《邯郸梦·三醉》之【红绣鞋】，故云。

翻然今已暮，自画乌丝，检点平生订宫徵。翘首望寥天，新曙湖山，人间世、欣欣如此。为管领春光有东风，更金缕铜琶，舒喉花底。

——俞振飞《洞仙歌·自题〈振飞曲谱〉》（1982）

诗酒传芬

　　昆剧《太白醉写》原题《吟诗脱靴》，即明代吴世美传奇《惊鸿记》之《学士醉挥》一折，系大冠生以身段做派取胜的剧目。俞振飞早年得此剧于沈月泉，1942年首演于兰心大戏院。后又在梅兰芳复出、昆曲观摩演出、各地巡演等各种场合经常上演此剧，迭经修改，成为俞振飞在舞台上最得意之作。1952年，俞客居香港期间，自组俞振飞剧团，常演此剧。为通俗起见，将剧名改为《太白醉写》。1976年，俞振飞在极其困难的境遇中拍摄了《太白醉写》一剧。

　　改革开放后，俞振飞仍多次在包括香港在内的全国各地演出此剧，蜚声海内外。1989年5月23日，俞振飞以八十八岁高龄在豫园古戏台最后一次演出《太白醉写》，完美谢幕。

约1958年前后俞振飞《太白醉写》剧照

71

《太白醉写》（画册）

· 书籍

· 俞振飞主演，许寅编写

· 1957年上海人民美术出版社出版

· 12.8×14.6cm

· 上海图书馆藏

1. 封面
2. "吟诗" 俞振飞饰李白
3. "脱靴" 俞振飞饰李白 | 华传浩饰高力士 | 华文漪饰念奴

72

《太白醉写》剧照

· 照片扫描复制件

· 摄于1980年

· 原照8.9×8.43cm

· 朱立君收藏

俞振飞饰李白

老骥伏枥

　　1978年，上海昆剧团成立，俞振飞为首任团长，剧团演员均为昆大班、二班学员；1981年上海京剧院恢复建制，俞振飞出任上京第二任院长。此时俞振飞已年届八十，仍经常讲学并示范演出，为京昆事业身体力行，奔走呼吁。多次率昆剧团巡演，足迹遍及北京、西安、成都、重庆、香港乃至日本，并访问美国，扩大了昆曲的影响。

俞振飞、郑传鉴在苏州博物馆"忠王府"戏厅排练《连环记·小宴》（摄于1982年）

俞振飞（右）饰吕布｜郑传鉴（左）饰王允

1982年5月25日—6月3日，文化部、江苏省文化局、浙江省文化局、上海市文化局、苏州市文化局在苏州联合举办"1982年苏、浙、沪两省一市昆剧会演"。俞振飞率上海代表团参加。会演期间，俞振飞与郑传鉴在苏州博物馆"忠王府"（原八旗奉直会馆）戏厅合演《连环记·小宴》片段。

73

上海昆剧团巡演说明书

- 印刷品
- 1982年印制
- 19.5×27cm
- 上海艺术研究中心藏

1982年8月，俞振飞为上海昆剧团题词一首：

行云回雪，几度沧桑歌未歇。大好河山，碧管红牙海宇宽。

盛时新唱，应喜后来居我上。老健还加，愿作春泥更护花。

调寄【减字木兰花】，为上海昆剧团题

一九八二年八月　俞振飞　时年八十一

同年10—12月，俞振飞率上海昆剧团赴西安、武汉、北京巡演。演出说明书封面为陈佩秋写兰，谢稚柳题"如兰之馨"，封底用上述俞词手迹。

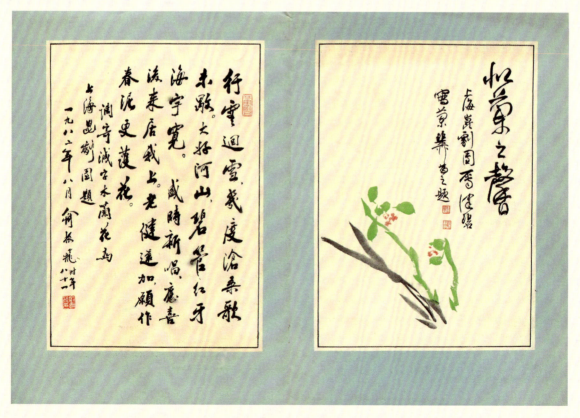

封面（右）和封底（左）

钗头凤

枯井案

牡丹亭

弹词

封二（左）及剧目（右）

昆剧传统剧目
（剧目轮换上演）

《贩马记》 （又名奇双会）
（哭监、写状、三拉团圆）

剧 情 简 介

马贩李奇有子保童、女桂枝，妻早死续娶杨三春为妻，杨和地保田旺有私，乘李外出，唆待子女子，姐弟乃逃出家门，保童为渔翁救出，桂枝遇客商刘志善，被认作义女，并配与赵宠为妻。

李奇贩马回来，不见子女，问邻氏，杨恨说病死，李奇不信，追同婢女春花，春花害怕自缢。田旺，杨氏乘机告官，诬李奇等奸逼而死春花。褒城县令胡敬受贿，用刑逼招，将李奇打入死牢。不久，赵宠中试接任褒城县令后即下乡劝农，夜闻桂枝在内衙听见哭声，提同李奇，才知父亲被冤，旁起设法救父；赵写状，教妯到新按院前鸣冤，新按院正是保童，于是姐弟相会，保童昭雪了父冤，一家团聚。

此剧是"俞派"（俞振飞）代表作之一。唱腔系吹腔，曲调优美动听，通俗易懂，是一折受观众欢迎的喜剧。

赵 宠……………俞振飞		桂 枝……………李蔷华	
李 奇……………计镇华		胡 老 爷……………成志雄	
保 童……………王泰祺		门子、家院、丫环、青袍、文堂……………本团演员	
禁 子……………张铭荣			

太 白 醉 写（又名吟诗脱靴）

唐明皇妃子杨玉环在御苑中歌舞饮酒，观赏牡丹，特召诗人李白赋新诗三首以记其事。

李白至，酒态朦胧，颇多失仪，唐明皇爱其才不加深责，李白深恶高力士特恃宠傲慢，在受命赋诗时，请唐明皇命高力士为他磨墨脱靴，以挫辱之。

这是一折优秀的昆剧传统戏，此戏难度较高，具有独特的表演风格。

李 白……………俞振飞			
高 力 士……………刘异龙		念 奴……………王君慧	
唐 明 皇……………计镇华		太监、官女……………本团演员	
杨 贵 妃……………牟文洁			

上海昆剧团演员介绍

华文漪
中国戏剧家协会理事、全国四届文代会代表、上海市人大常委、著名昆剧演员。擅长闺门旦，嗓音圆润甜亮，扮相端丽俊美，表演细腻生动。她所塑造的琼花（《琼花》）、蔡文姬（《蔡文姬》）、李倩君（《墙头马上》）、晴雯（《晴雯》）、唐惠仙（《钗头凤》）及杜丽娘（《牡丹亭》）等艺术形象，柔中有刚，含蓄而有深度，获得广大观众和文艺界的高度评价。她主演的《蔡文姬》荣获文化部演出一等奖，她在《钗头凤》中饰演唐惠仙角色荣获首届上海戏剧节表演奖。《牡丹亭》是她的最新创作，扮演杜丽娘，性格鲜明，感染力强，唱念俱佳，舞陌优美。

计镇华
我团主要演员，专工老生，嗓音宽亮，唱念清晰易懂，铿锵悦耳，富有韵味。他的表演朴实无华，细致入微，颇能传神。他在《琼花》中扮演洪长青、《蔡文姬》中扮演曹操、《烂柯山》中扮演朱买臣、《唐太宗》中扮演唐太宗，形象鲜明，风格多样。他在影片《风流千古》中担任主角陆游，显示了多方面的艺术才能。他最近又成功地塑造了陆游的艺术形象，荣获上海市首届戏剧节演出奖、表演奖。

岳美缇
我团主要演员，专工小生。她的表演细腻传神，唱腔流畅清丽，所演许仙（《白蛇传》）、裴少俊（《墙头马上》）、贾宝玉（《晴雯》）、柳梦梅（《牡丹亭》）等人物，儒雅潇洒，富有书卷气，又能准确地刻划不同人物的不同性格，各具特殊风貌，深得观众好评。

梁谷音
我团主要演员，戏路宽广，擅长贴旦、正旦、刺杀旦等多种行当。她演的《思凡·下山》、《烂柯山》、《阳告》等传统剧目，有独到之处。在表演风格上，豪放细腻，兼擅其美。她在《烂柯山》中扮演崔氏角色荣获首届上海戏剧节表演奖。她最近在《枯井案》中扮演夫人，突破行当限制，刻划了人物鲜明个性，取得很好的舞台效果。

刘异龙
上海市卢湾区政协常委、我团主要演员。专工昆丑，能演善唱，浑身是戏。他扮演的《十五贯》中的娄阿鼠、《孙悟空三打白骨精》中的猪八戒、《下山》中的小和尚等成剧人物，都发挥了昆丑的艺术特色。在最近演出的《枯井案》中主演胡敬，抓住了角色似刚涂刚实精明的性格特征，演出了深度，能令人从笑声中赞赏主人公清正廉明的精神，并以繁重的唱念和优美的身段，显示了昆丑角的艺术魅力。

王芝泉
我团主要演员，擅演武旦，武打舞姿优美，出手准确，变化多端，难度高。她在《孙悟空三打白骨精》中扮演白骨精、《红娘子》中扮演红娘子、《挡马》中扮演杨八姐、《恶家庄》中饰演庞三娘等，都显示了高超的武打技艺和细腻的表演艺术。在刻划人物上，有"艺不惊人誓不休"的顽强作风。

张铭荣
我团主要演员，专工武丑，功底厚实，身手矫健，动作明快轻盈，高难度技巧动作多，表情丰富细腻。能主演大戏，也擅配角。在《孙悟空三打白骨精》中扮演孙悟空、《挡马》中扮演焦光普、《钟馗嫁妹》中扮演驴鬼、《时迁偷鸡》中扮演时迁等大小剧目中，他都有精彩的表演。被观众誉为武丑中的"佼佼者"。

陈同申
我团主要演员，是一位崭露头角的武生青年演员。他刻苦训练，武打力求新颖别致，在高难度动作上狠下苦功。他曾主演《孙悟空三打白骨精》、《雷州恋》等剧，所饰孙悟空灵俏皮，果敢勇猛。他在《挡马》中扮演焦光普，武打技巧难度很高，演来得心应手，得到观众一致好评。他的《挡马》曾在上海新秀会演中获奖。

张静娴
闺门旦，表演细腻，富有激情，善于刻画人物性格，唱念尤见功夫。曾主演过大戏《花烛泪》，获得普遍好评。在《钗头凤》中扮演唐兰，曾获首届上海戏剧节表演奖。他扮演《痴梦》中的崔氏、《芦林》中的庞氏等戏剧人物，都有出色的表演。

段秋霞
武旦，扮相英武俊美，表演生动。所演的《挡马》中扮焦八姐，在上海新秀会演中获得好评。她主演的《梁红玉》、《借扇》都有特色。在大戏《孙悟空三打白骨精》中扮演白骨精的B角。

方洋
应工净角，基本功扎实，表演细腻，唱腔讲究，音色甜美，善于吸收兄弟剧种的唱腔优点，融会贯通，塑造人物性格。所演《山亭》、《刀会》、《嫁妹》、《古城会》等，各具特色。在《牡丹亭》中饰胡判官，很有光彩。

陈治华
能主演武的花脸角色，早在国庆十周年献礼演出中，他主演的《钟馗嫁妹》就获得首都和上海文艺界的好评。他主演《山亭》、《火判》、《花蕊》等戏，他的基本功扎实，表演力强。所演钟馗，唱念俱重，身段繁多，难度剧高，演得刚强中显示妩媚，充分体现了这一容貌丑五面心灵美好的特殊性格。

邱奕
武生，功底扎实，武打动作干净利落，唱念响亮有劲。在《三岔口》中饰任堂惠，与张铭荣配合默契，打得惊险，演得精彩。在《钗头凤》中饰李贵，他主演的《夜奔》、《燕青卖线》还有《时迁偷鸡》等。

上海昆剧团演员介绍

74

上海昆剧团赴香港参加第八届亚洲艺术节演出剪报复印资料

- 报纸复印资料
- 资料原文均见载于1983年香港报刊
- 上海艺术研究中心藏

1983年10—11月，俞振飞率上海昆剧团赴香港参加第八届亚洲艺术节，演出大量剧目，受到热烈欢迎。俞登台演出了《太白醉写》、《贩马记·写状》（与李蔷华）、《千忠戮·八阳》（与计镇华）。

大公 83.10.8

七十年老友俞振飛

——並記賡春集與崐劇傳習所

老吉

我與崑、京藝術表演大師俞振飛兄，如果大家不是從小都喜歡道兩項藝術（尤其是崑曲與崑劇），又那裏會有七十年的交情呢？（可惜的是文革時期，不通音訊者幾乎二十年）。

振飛今年八十三，而我亦是望到八十了。回憶六十多年前，我與他初次同台演崑劇（他第一次登台，同場演出的便是我），真好比一場春夢。

在七十年前，因先二舅父南崑愛好者徐凌雲先生，拉攏一班同道朋儕，組織了「賡春集」，每星期日舉行清唱「同期」。當時加入者記憶所得，有王欣甫（亦會「刀會」）、張某良（老五）、李翥剛、張玉笙（皆學正旦），李伯伯登台演《思凡》是用高粱酒飲場的。後來加入的是朱少雲（二花面）、潘蔭棠（文丑），二舅父當然是式式俱全的「百搭」，小孩子們，便是我（文武丑）、大表兄徐德培（多年前在溫哥華心臟病猝斃）。他只唱了一齣《出獵、回獵》，飾李三娘的便是張玉笙。當時二舅父還特別為他做起新箭衣外套，後來便由一位愛好崑腔的張石如、伯伯的兒子麐麟接曲。小生方面有傷科醫生殷震賢（他專唱《拾畫、叫畫》）。還有一位與殷的親戚，閔萬青與閔采臣父子，他們專唱《借茶、活捉》。二舅父有了我、二表兄徐子權（為四人幫迫害而死，現已平反）專唱付丑，後改老生，為梅蘭芳、俞振飛兩位，後來唱的《全部販馬》中飾老生李奇。他與我合作的戲最多最雜，當然有付與丑的詼諧戲，都歸我們兩個擔任。

賡春集辦了幾年，來了一位不懂此道而最喜歡崑腔的紗布界聞人穆藕初老伯，他與二舅父商議，設了一個「崑劇傳習所」，地址在蘇州閶門，佔地極大，請老一輩名伶沈月泉（生）、陸壽卿（丑）、徐金虎（旦）等為教師，擫笛有連生、金泉（姓什麼不記得了）。現在在香港，只有一位名琴師馮鶴亭老兄能擫笛）。[illegible]四年，當年的名崑旦[illegible]馨吾兄曾來香港。我們三人，還請馮老師擫笛。項兄因年老且喉失聲，唱了一段《長生殿》之《小宴》（天淡雲閑）。我還記得一些仍唱《問探》的《虎嘯龍吟》，張仲君（現移民加拿大，在溫哥華納福）兄唱了《林冲夜奔》，可惜一隔多年，項兄以高年棄世了。

振飛兄的老太爺粟廬伯伯唱官生，大近視，每逢同期，必從蘇州帶了振飛一同來上海。俞伯伯最喜歡的唱《北陽》的《收拾起大地山河》。二舅父看小孩子振飛眉清目秀，一表人材，便勸俞伯伯要他學崑腔，先唱《小宴》（後來第一次登台，便與馨吾合作），唱唱吓因腔音韻味極好，振飛也拚命學習了。

「賡春集」的票友，每逢親友有大喜慶，必定各人粉墨登場。二舅父家庭極大，有大廳，前面是一丈方水門汀（石屎）的廣場，便在那裏搭起台和後台來，由下午五時唱到八時，八時後入席，則由陸壽卿、徐金虎班串（最有名的是《呆中福》、《兼妙、達旦》），九時後散席，便由我們再客串下去。（這時候印了戲單，我們叫做「爺台客串」）。到十一點多散場。

俞振飛《太白醉寫》劇照

如果主人家請的客太多，我們便在當年康腦脫路戈登路口徐園（徐家花園，是我大、二舅父的別業，那裏亭台樓閣，花草樹木，曲徑通幽，地大當年的十六畝，現在的綠園，一切的一切，不能及它萬一）登台。講起六、七十年的上海，真是不勝憾慨系之。

（上）

老吉（沈苇窗）撰文《七十年老友俞振飞》，载于1983年10月8日香港《大公报》

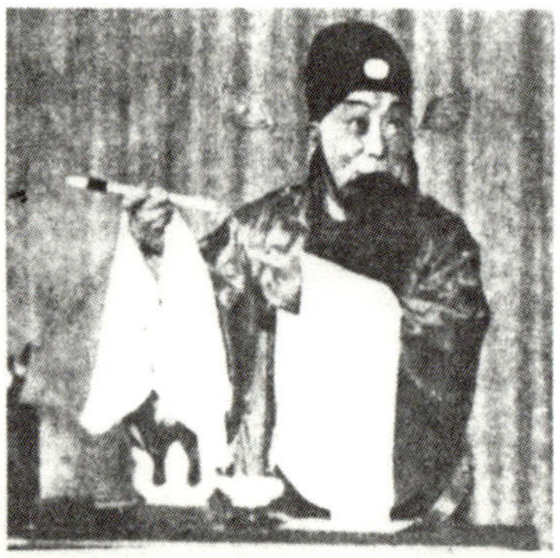

俞振飞在香港中文大学演讲

　　1983年11月3日，俞振飞率团访港期间，应香港中文大学中国文化研究所及该校音乐系所设中国戏剧艺术讲座之邀，在中大作《我与昆剧六十年》演讲。

张润圆撰文《俞振飞八十高龄不辞劳苦来港示范　葛兰畅谈三十年前师生缘》
载于1983年10月16日香港《百花周刊》

京剧《人面桃花》剧照（20世纪50年代）
俞振飞饰崔护｜葛兰饰杜宜春

　　1950—1955年俞振飞客居香港期间，与电影界人士多有交往，更与著名影星葛兰结成师生之谊，合作演出昆剧、京剧。

　　葛兰（Grace Chang，生于1933年），本名张玉芳。海宁人，生于南京，迁居香港。五六十年代主演多部华语歌舞片，以兼具"演歌舞"三者著称。代表作有《曼波女郎》《青春儿女》与《野玫瑰之恋》等。俞振飞在港期间，经著名导演卜万苍介绍，葛兰向俞学习京剧昆曲，为俞配演昆剧《断桥》之小青，并与俞合演京剧《人面桃花》。同时学习西洋声乐。1964年息影，专学京剧，1989与好友出版京剧唱片合辑。

75

俞振飞为叶少兰、张学津、尚长荣说《群英会》留影

· 照片扫描复制件
· 摄于1984年
· 原照11×10cm，画芯11×8.6cm
· 朱立君藏

俞振飞（左二）为叶少兰（右一）及张学津（左一）、尚长荣（右二）说京剧《群英会》

1984年，上海艺术研究所举办著名中年京剧演员上海交流汇演，俞振飞亲自指导后辈演员。

叶少兰（生于1943年），原名叶强，京剧小生名家叶盛兰之子。7岁起随父亲及姑父茹富兰学艺。1952年考入中国实验戏剧学校，习京剧小生，1962年毕业。同年8月拜俞振飞为师。1975年起任北京军区战友京剧团导演、演员。

张学津（1941—2012），京剧名旦张君秋之子。7岁从陈喜光学娃娃生，1949年考入北京艺培学校（后转制为北京市戏曲学校），师从王少楼、陈少武，习老生，1959年毕业。1962年拜马连良为师。1969年起先后在上海京剧团、北京京剧院担任老生演员。

尚长荣（生于1940年），京剧名旦尚小云之子。5岁首次登台，10岁正式拜陈富瑞为师，习净行，又师从李克昌、苏连汉等名净，1960年拜京剧架子花脸代表人物侯喜瑞为师。1959年起先后任陕西省京剧团演员、副团长，1991年调入上海京剧院。

76

上海昆剧团精英展览演出说明书

- 印刷品
- 1985年印制
- 12.5×24cm
- 上海艺术研究中心藏

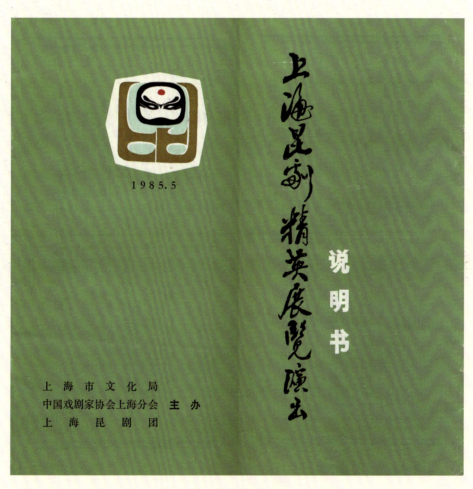

说明书封面、封底

　　1985年5月，上海市文化局、中国戏剧家协会上海分会、上海昆剧团举办
"上海昆剧团精英展览演出"，特邀海内外曲友、票友同台献艺。俞振飞与
郑传鉴合演《千忠戮·惨睹（八阳）》片段，与美籍华人影星、梅兰芳义女
卢燕合演《牡丹亭·游园惊梦》。

俞振飞、郑传鉴《千忠戮·八阳》剧照（摄于1981年）

俞振飞（右）饰建文帝 | 郑传鉴（左）饰程济

　　《千忠戮·惨睹》述明朝建文帝遭朱棣"靖难"失国，与臣子程济乔扮一僧一道，自吴江逃窜至襄阳，接连目睹三幕惨象，悲愤惊恐，决定转至云南安身，故名"惨睹"。全出由八支曲子组成，均以"阳"字结尾，故又习称"八阳"。为大冠生名剧。其首曲【倾杯玉芙蓉】"收拾起大地山河一担装"更是昆曲中最著名、最流行的曲子之一，有"家家收拾起，户户不提防"之说（"不提防"指《长生殿·弹词》首曲【一枝花】）。

　　俞振飞八岁首次参加曲社同期清唱，即唱《八阳》全剧。五六十年代担任上海市戏曲学校校长期间，常演此剧。1981年起，以暮年壮心多次演出《八阳》首曲【倾杯玉芙蓉】，每次必引起轰动。

俞振飞、卢燕在1985年上海昆剧团精英展览演出中合演
《牡丹亭·游园惊梦》
俞振飞（右）饰柳梦梅 | 卢燕（左）饰杜丽娘

卢燕（Lisa Lu，生于1927年），原名卢萍香、卢燕香、卢燕卿，美籍华人，电影演员、制片人。京剧坤伶李桂芬之女，梅兰芳义女。善京剧、昆曲。

说明书部分内页

切磋琢磨

俞振飞在从事演剧、教学的同时，时有研究著述。晚年俞振飞更是致力于将其艺术经验总结成文，与中青年演员、学者切磋琢磨，或亲笔，或口述，发表了大量文章，出版了《振飞曲谱》《俞振飞艺术论集》等著作，为昆曲、京剧积累了丰富的演唱、表演艺术理论财富。

《振飞曲谱》（展品79）编辑小组
俞振飞（左二）｜陆兼之（右一）｜辛清华（右三）
顾兆琪（右二）｜岳美缇（左三）｜蔡正仁（左一）

77

俞振飞、王家熙合影

- · 照片扫描复制件
- · 摄于1980年
- · 原照5吋
- · 朱立君藏

俞振飞、王家熙合影

王家熙（1940—2014），上海艺术研究所研究员，京剧艺术研究专家。1961年毕业于上海戏剧学院戏剧文学系后，在上海京剧院从事创作和评论工作。1979年调至上海艺术研究所，1980年起为俞振飞作艺术记录，长期协助俞振飞作艺术理论总结。

78

俞振飞致王家熙书信并附《看彩色影片〈白蛇传〉想到的》一文稿件小样修改意见

· 手稿、校样修改手迹
· 1981年8月
· 信件19×27cm，小样23×41.5cm，信封20×10cm
· 朱立君藏

信封

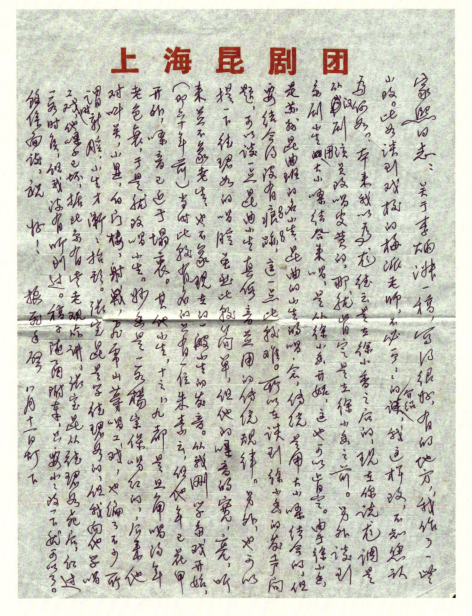

俞振飞致王家熙

1981年，上海电影制片厂傅超武执导的彩色京剧电影《白蛇传》在全国上映，主演李炳淑、方小亚、陆柏平均为上海市戏曲学校京剧班毕业学员。影片引发了观影热潮。

同年，王家熙据俞振飞口述为俞执笔撰写《看彩色影片〈白蛇传〉想到的》一文。完稿后，俞振飞在稿件小样上修改，并致书王家熙，重点谈及京剧小生发声演变、历史上著名京剧小生的渊源等学术问题。俞生前未刊。《中国昆曲艺术》2011年第2期（总第4期）以《观彩色影片〈白蛇传〉杂感三题》为题据稿件小样登载原文，与俞振飞修改稿有出入。

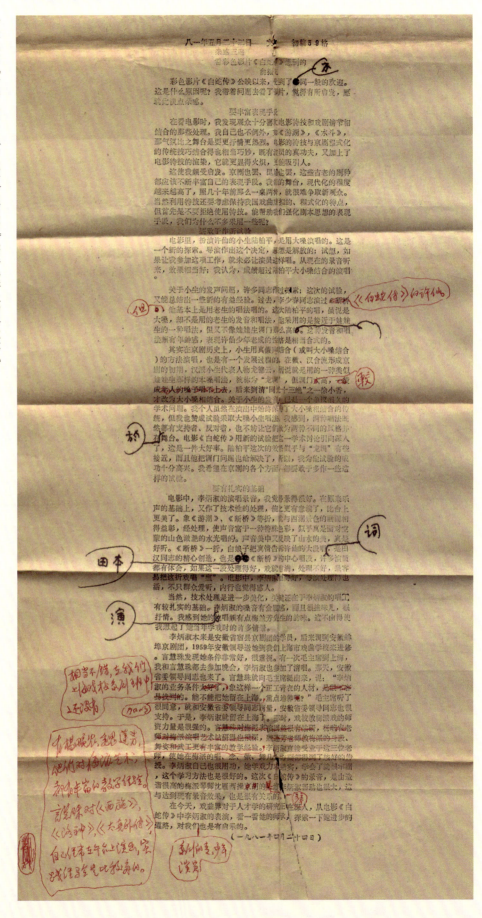

俞振飞在《看彩色影片〈白蛇传〉想到的》稿件小样上的修改意见

251

79

《振飞曲谱》

· 书籍

· 1982年7月上海文艺出版社出版

· 19×26cm

· 上海艺术研究中心藏

1982年《振飞曲谱》出版（俞振飞编著，陆兼之、辛清华、顾兆琪、岳美缇、蔡正仁参编）。该书收录昆曲折子戏38出，并增吹腔折子戏《凤凰山·百花赠剑》和全本吹腔《贩马记》两剧，以及8支经典单曲。改工尺为简谱，便于普及。1991年修订，由上海音乐出版社再版。

1982年版《振飞曲谱》封面（唐云题画）

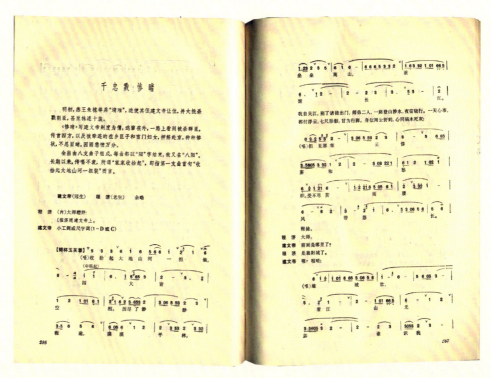

《振飞曲谱》之《千忠戮·惨睹》简谱

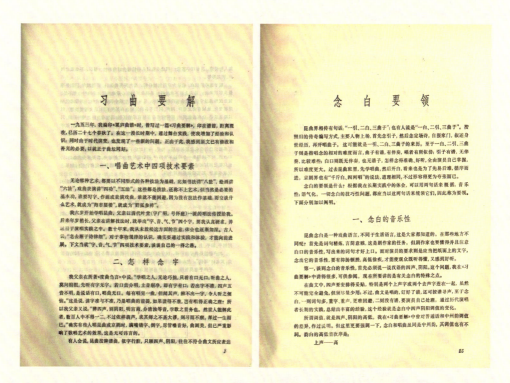

《振飞曲谱》的《习曲要解》与《念白要领》

　　《振飞曲谱》卷首为内容扩充并用白话文改写的《习曲要解》，首次按"字、音、气、节"四方面系统阐述昆曲演唱技法，更增补《念白要领》一篇，阐述念白技法，均为昆曲声乐理论史上空前之作。

俞振飞题赠张洵澎《振飞曲谱》

- 书籍
- 1982年7月上海文艺出版社出版，1983年3月俞振飞题
- 19×26cm
- 张洵澎藏

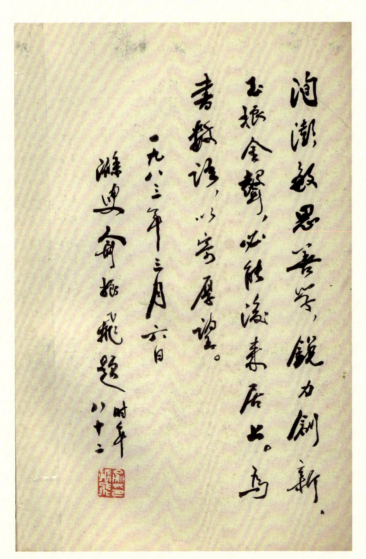

张洵澎藏《振飞曲谱》之扉页俞振飞1983年题词

扉页俞振飞题词：

　　洵澎敏思善学，锐力创新，玉振金声，必能后来居上。为书数语，以寄厚望。

　　一九八三年三月六日

　　涤叟俞振飞题　时年八十二

　　张洵澎（生于1941年），昆剧旦角演员。1954年考入华东戏曲研究院昆曲演员训练班（1955年改制为上海市戏曲学校昆曲班），1961年8月毕业。师从朱传茗等，并受教于俞振飞、言慧珠。

81

俞振飞题赠费三金《振飞曲谱》

· 书籍
· 1982年7月上海文艺出版社出版，1983年1月俞振飞题
· 19×26cm
· 费三金藏

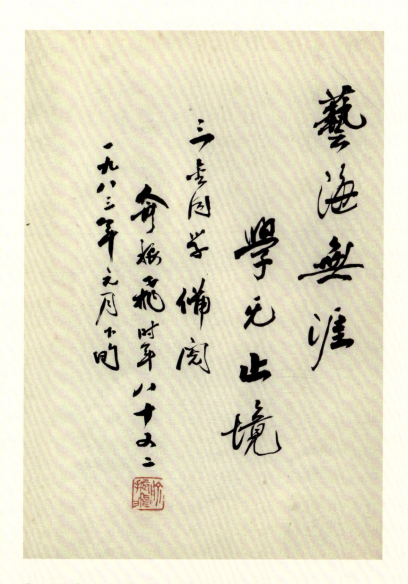

费三金藏《振飞曲谱》之扉页俞振飞1983年题词

扉页俞振飞题词：

　艺海无涯
　学无止境
　　三金同学备阅
　　　　俞振飞　时年八十又二
　　一九八三年元月下旬

.俞振飞题赠费三金《俞振飞艺术论集》

· 书籍
· 1985年7月上海文艺出版社出版
· 14×20cm
· 费三金藏

　　1985年，上海艺术研究所编，王家熙、许寅等整理《俞振飞艺术论集》出版。全书共26万余字，共4部分：忆述六十年演剧生活、总结表演经验、回忆艺术合作者、探讨昆曲及京剧的唱念表演理论。

1986年俞振飞题赠费三金《俞振飞艺术论集》
封面王个簃题签，程十发绘俞振飞《拾画》

扉页俞振飞题词：

　　三金同学备阅

　　　俞振飞

　　一九八六年元月下旬于沪上

俞振飞（右二）、李蔷华（右一）及王家熙（左一）、王泰祺（左二）探讨艺术理论（摄于1981年）

鲁殿灵光

余从事戏曲工作虽经六十年，而于艺术精深之谛，犹未窥见，业绩所不敢言。因赋一章，以自策励。

侧立歌坛甲子巡，繁弦急管海天晨。
古香新艳心同折，魏曲梁词韵尚真。
万卷积山但初学，千花凝彩犹稚春。
朝阳灿灿征途远，八十还当续问津。

——俞振飞《八十抒怀》（1980）

"鲁殿灵光"展墙、展柜

周甲盛会

　　1980年4月15—19日，中华人民共和国文化部、中国文学艺术界联合会、中国戏剧家协会、上海市文化局、上海市文学艺术界联合会、中国戏剧家协会上海分会在上海联合主办俞振飞演剧生活六十年纪念活动。15日上午，文化部、上海市和有关省市领导，文化界戏剧界知名人士以及海内外京昆爱好者1000余人出席在上海艺术剧场（今兰心大戏院）的开幕式。开幕式大会后，先后在上海艺术剧场和劳动剧场（今天蟾舞台）举办5天纪念演出，参演者来自北京、江苏、浙江、湖南、江西等地的京昆名家，还有海外的学生和票友。开幕式当晚俞振飞主演其昆剧代表作《太白醉写》，闭幕式与张君秋合演其京剧代表作《奇双会·写状》。这是继文化部举办"梅兰芳、周信芳舞台生活五十年纪念"（北京，1955）、"盖叫天舞台生活六十年纪念"（上海，1956）、"周信芳舞台生活六十年纪念"（北京，1961）后，京昆界乃至文艺界的又一盛事。

俞振飞演剧生活六十年纪念会开幕式主席台（1980年4月15日）

83

俞振飞演剧生活六十年纪念活动说明书

· 印刷品
· 1980年印制
· 18.5×26cm
· 上海艺术研究中心藏

1. 纪念活动说明书封面

2. 纪念活动说明书部分内页　左：俞振飞、刘异龙、王英姿等演昆剧《太白醉写》
　　　　　　　　　　　　　　右：俞振飞、张君秋合演京剧《奇双会·写状》

3. 纪念活动开幕式上文化部副部长司徒慧敏代表文化部向俞振飞颁发纪念奖状（1980年4月15日）

4. 纪念活动期间俞振飞（左）、张君秋（右）排练京剧《奇双会·写状》

5. 纪念活动期间俞振飞（左）、张君秋（右）合影

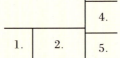

		3.
		4.
1.	2.	5.

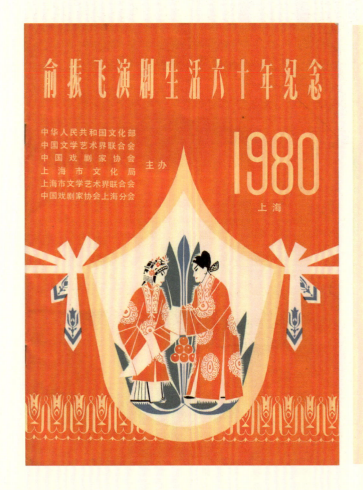

84

"昆剧艺坛"宣传折页

· 印刷品
· 1980年上海昆剧团印制
· 19.5×27cm
· 上海艺术研究中心藏

昆剧简介

昆剧,亦称昆曲,是我国现存的最古老的剧种之一,元末明初时发源于江苏昆山一带,因而得名。明代嘉靖年间,戏曲音乐家魏良辅曾对昆曲进行加工提高,吸收了海盐腔、弋阳腔、余姚腔、江南小曲等艺术成份,形成了宛转细腻的"水磨腔",当时称为"昆山腔"。此后,明清两代的传奇几乎都用昆山腔演唱。清代乾隆以后,昆曲日渐衰落了,到解放前夕已濒临危亡。解放后,在党的"百花齐放,推陈出新"方针指引下获得新生。

昆曲剧目丰富多采,文字典雅华丽,曲调清俊宛转,表演艺术细腻优美,身段动作和歌唱配合紧密,舞蹈性强,可以说熔唐诗、乐、歌、舞、戏于一炉,在中国戏曲史、文学史、音乐史上都占有一定地位。京剧、粤剧、滇剧、婺剧、越剧等许多剧种,从剧目、曲牌、唱腔、身段等方面都受到昆曲不同程度的影响。

敬爱的周总理曾把昆曲誉为"祖国文艺百花园中的一朵兰花"。万恶的"四人帮"竭力推行文化专制主义,拼命砍杀昆曲这一剧种。十九年来,这朵"兰花"再遭受到严重的摧残。粉碎"四人帮"后,上海、江苏、浙江、北京等地相继恢复了昆曲演出团体。

上海昆剧团于一九七八年初重建,前身是上海青年京昆剧团,成员为上海市戏曲学校昆曲班、音乐班的第一、二届毕业生,平均年龄三十多岁。他们是在新中国成长起来的戏曲工作者,在表演上曾得到著名艺术家俞振飞和昆剧"传"字辈老艺人的辛勤培育,具有较深的艺术造诣,生、旦、净、末、丑行当齐全,阵容坚强。许多成员曾赴香港、西欧、日本等地演出,受到港澳同胞和国际友人的热烈赞扬。建团以来,恢复、改编了《十五贯》《孙悟空三打白骨精》《白蛇传》《蔡文姬》《墙头马上》《春草闯堂》等大型剧目,最近又公演了部份传统折子戏,以满足广大观众的需要。

粉墨春秋六十年
——介绍著名表演艺术家俞振飞

我团团长俞振飞同志是我国当代最杰出的表演艺术家之一,一九○二年出生于江苏省苏州市义巷,从六岁起便跟他父亲俞粟庐先生(著名昆曲家)学唱昆曲,十四岁向昆曲前辈艺人"全福班"沈锡卿、沈月泉先生学戏,十九岁开始向江南京剧小生蒋砚香先生学习京剧,后来又到北京拜著名小生程继先先生为师。俞振飞同志在六十年的舞台生涯中,曾和许多著名表演艺术家如梅兰芳、程砚秋、周信芳、马连良、张君秋等同志同台演出。他在昆剧和京剧的表演、唱腔等方面造诣高深,对人物介绍深刻,富有"书卷气",这是一般演员很难体现出来的。因为俞老文学修养高,并且还写得一手好字,画得一手好画,他唱念表演的基本功十分深厚,加之几十年的苦心钻研,所以刻划各种人物无不栩栩如生,俞老的代表作很多,如《贩马记》《太白醉写》《惊变埋玉》《迎像哭像》《见娘》《八阳》《琴挑》《断桥》等等,都是深受广大观众的欢迎的。

五十年代中期,俞振飞同志担任了上海市戏曲学校第一任校长,开始了培养艺术接班人的工作。上海市戏曲学校是解放后党开办的第一所综合性的正规艺术学校,不仅培养了数以百计的昆、京、沪、越、淮等剧

种和评弹演员,还培养了戏曲舞台、化装、服装、音乐、武动等专门人才,为繁荣祖国的戏曲艺术事业作出了重大的贡献。这是与俞振飞校长以及许多老师们辛勤教育分不开的。

俞老不仅多次带领学生出外巡迴演出,出国访问,而且常常亲自上课,作唱念和表演的辅导报告,许多观众所熟悉的演员如华文漪、蔡正仁、岳美缇、计镇华、梁谷音、王英姿、杨春霞、李炳淑、刘觉等人,都受到过俞老的亲切教诲。

这样一位杰出的艺术大师,在林彪、"四人帮"横行期间,却遭受了残酷的迫害。俞老忍受着种种精神折磨,但还是惦记着被"四人帮"所扼杀的昆曲事业。现在,文艺的春天已经出现在祖国的大地上,百花凋零、万马齐喑的岁月一去不复返了。一九七八年上海解放后第一个昆曲剧团成立了,俞老出任昆剧团的团长,决心为昆曲事业的发展贡献力量。

在纪念俞老舞台生活六十周年的时刻,他光荣地当选为全国文联副主席。今后俞老的担子更重了。我们热烈祝贺这位杰出的老艺术家焕发出更加光辉的艺术青春!

·兰君·

宣传折页正面：俞振飞题嵓，程十髪绘兰花

宣传折页背面：《昆剧简介》
《粉墨春秋六十年——介绍著名表演艺术家俞振飞》
《好顾问好老师》

载誉垂范

　　俞振飞艺高人寿，名满天下。他先后赴美国、日本讲学，并赴香港地区接受香港中文大学荣誉文学博士衔。1988—1989年，文化部艺术局、上海市文化局、上海电视台、中国音像大百科出版社、上海京剧院、上海昆剧团为俞振飞联合摄制《俞振飞舞台艺术汇录》，留下珍贵影像资料。

香港中文大学名誉文学博士俞振飞（摄于1987年10月6日）

85

美国林肯大学国剧欣赏研究学会延请俞振飞任名誉顾问的聘书扫描复制件

· 信函扫描复制件
· 1987年5月
· 上海艺术研究中心藏（李蔷华捐赠）

林肯大学国剧欣赏研究学会聘书

俞振飞在旧金山林肯大学讲学（1987年1月17日）

　　1986年12月，俞振飞偕夫人李蔷华赴香港地区，15日应香港中文大学之邀，为该校师生作《昆曲源流及其变革》演讲；31日赴美国，先后讲学于林肯大学、圣地亚哥大学、科罗拉多州州立大学、夏威夷大学及加利福尼亚大学伯克利分校；5月19日林肯大学国剧欣赏研究学会理事主席张道行（时任林肯大学校长）礼聘俞振飞为该会名誉顾问。

86

旧金山梅兰芳艺术研究会
延请俞振飞任顾问的信函扫描复制件

- 信函扫描复制件
- 1987年5月
- 上海艺术研究中心藏（李蔷华捐赠）

舊金山梅蘭芳
Mei Lan Fa
San Francisco
U.S.

謹啟者。车會自一九八五年
政府批准为「非牟利機構」
式成立。

车會宗旨为某合同好，研究團
学習其唱腔與表演藝術及伯
研其韻味與精神，藉以陶
養更多業餘及專業表演藝術
而推廣發揚戚傳优国劇之
很俟理事會決議，恭请
台端 担任车會顾问。此上

俞振飞 先生

1987年5月，俞振飞在美期间，旧金山梅兰芳艺术研究会正式成立，延请俞振飞任顾问。

春已獲美國加州

八七年五月五日正

芳先生藝術，非惟

演為，且進一步設求贊

藝會友。不但希望得

望培養更多的貴者，從

舊金山梅蘭芳藝術研究會

Mei Lan Fang Society

San Francisco, California

U.S.A.

藝術研究會

ng Society

California

俞振飛先生

旧金山梅兰芳艺术研究会延请俞振飞任顾问的信函

271

87

俞振飞博士服

· 衣帽
· 1988年10月
· 上海图书馆藏

俞振飞博士（1988年10月6日）

1988年10月6日，香港中文大学授予俞振飞名誉文学博士衔，港督卫奕信颁发证书，高锟校长等人出席。23日，香港中文大学中文系、香港中国传统戏曲艺术院、《大成》杂志社为祝贺俞振飞荣获名誉文学博士，联合举办庆祝演出晚会于中文大学邵逸夫礼堂。

俞振飞博士服

88

《俞振飞舞台艺术汇录》

- 录像带
- 1988—1989年录制，上海音像出版社出版
- 3盒，20×12×3cm
- 上海图书馆藏

《俞振飞舞台艺术汇录》（一）（二）（三）

　　为抢救、继承俞振飞的舞台表演艺术，保存京昆艺术资料，1988年3月起，中华人民共和国文化部艺术局、上海电视台、中国音像大百科编委会、上海京剧院、上海昆剧团联合录制《俞振飞舞台艺术汇录》。4月19日至5月27日，八十七岁的俞振飞首期录制《西楼记·赠马》《千忠戮·惨睹》《长生殿·迎像哭像》《白罗衫·看状》《玉簪记·琴挑》、《占花魁·受吐》《长生殿·小宴惊变》等7出昆曲，《春闺梦（选场）》《状元谱·打侄上坟》《群英会·对火、打盖》《玉堂春·三堂会审》等5出京剧。翌年春季拍摄续集：4月24日至6月19日，先后在嘉定秋霞圃录制昆曲《牡丹亭·拾画叫画》，在豫园录制昆曲《连环记·小宴》和《琵琶记·书馆》。前后总计15出，集中了小生行中的大冠生、小冠生、巾生、穷生和雉尾生等各种不同类型的戏剧人物形象。参加这次录像助演的除上海昆剧团和上海京剧院的中年演员，还有年逾古稀的昆剧名家郑传鉴、包传铎、张娴和京剧名家艾世菊，以及李蔷华、汪正华、孙鹏志、尚长荣、夏慧华等著名京剧演员。

《俞振飞舞台艺术汇录》（三）

八十八岁的俞振飞在豫园玉华堂录制《琵琶记·书馆》，饰蔡邕

　　《琵琶记·书馆》，述蔡邕、赵五娘因牛氏安排在书馆悲逢之事，为蔡邕（冠生）、赵五娘（正旦）、牛氏（六旦或五旦）"三脚撑"风火戏，尤以冠生的唱念做表最为吃重，与《荆钗记·见娘》《长生殿·惊变埋玉》并称冠生"书、见、惊"三大重头戏。1989年6月，俞振飞偕朱晓瑜（饰赵五娘）、张静娴（饰牛氏）在豫园玉华堂完成此折拍摄，为《俞振飞舞台艺术汇录》收山之作。

89

白花缎十团龙男蟒、苫肩

· 传统戏曲服装
· 2004年上海市文化艺术档案馆据俞振飞戏服复制
· 上海艺术研究中心藏

俞振飞在豫园内园静观（晴雪堂）
摄制《连环记·小宴》（1989年5月）

正面

团龙纹

此款团龙白蟒为俞振飞饰京昆剧周瑜、吕布等雉尾生角色所穿。50年代俞振飞在香港演出《临江会》，回沪后演出《群英会》等剧，直至1988年4月录制《群英会》、1989年5月录制《连环记·小宴》饰吕布，均穿此款。

背面

90

蓝软缎仙鹤补子男官衣

· 传统戏曲服装

· 2004年上海市文化艺术档案馆据俞振飞戏服复制

· 上海艺术研究中心藏

仙鹤补子

正面

此款蓝官衣为俞振飞晚年饰冠生角色所穿，如《太白醉写》之李白、《荆钗记·见娘》之王十朋等；1989年6月，俞振飞在豫园录制《琵琶记·书馆》饰蔡邕，即穿此款（见展品88）。

背面

91

俞振飞获得的首届中国金唱片奖

· 唱片（奖品）
· 1989年6月中国唱片总公司颁发
· 镜框45×38cm
· 上海图书馆藏

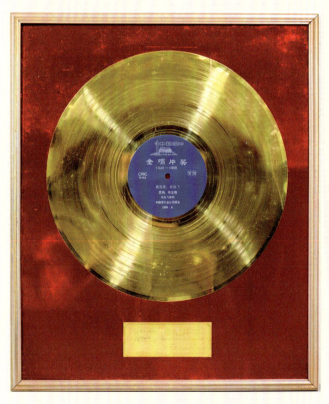

首届中国金唱片奖：昆曲《长生殿》俞振飞演唱

俞振飞领取首届中国金唱片奖
（1989年10月12日）

92

俞振飞的笛子

· 竹笛
· 年代不详，凤林斋制作
· 全长65cm，外径2.5cm
· 上海图书馆藏

笛头"凤林斋"字样

笛子与笛套

粉墨七旬

    1991年4月6日—17日，中华人民共和国文化部振兴昆剧指导委员会、中国文学艺术界联合会、中国戏剧家协会、上海市文化局、上海市广播电视局等20家单位共同举办俞振飞舞台生活七十周年纪念活动。国家领导人为之题词，发来贺信。纪念活动规模之大，时间之长，前所未有。活动期间，4月9日，俞振飞以九十高龄登台表演《贩马记·团圆》，更于12日清唱《长生殿·定情》【古轮台】。舆论轰动，诧为奇迹。

俞振飞偕夫人李蔷华步入纪念活动开幕式会场（上海商城剧院，1991年4月6日）

93

俞振飞舞台生活七十年祝贺演出说明书

- 印刷品
- 1991年印制
- 21×28cm
- 上海艺术研究中心藏

演出说明书封面、封底

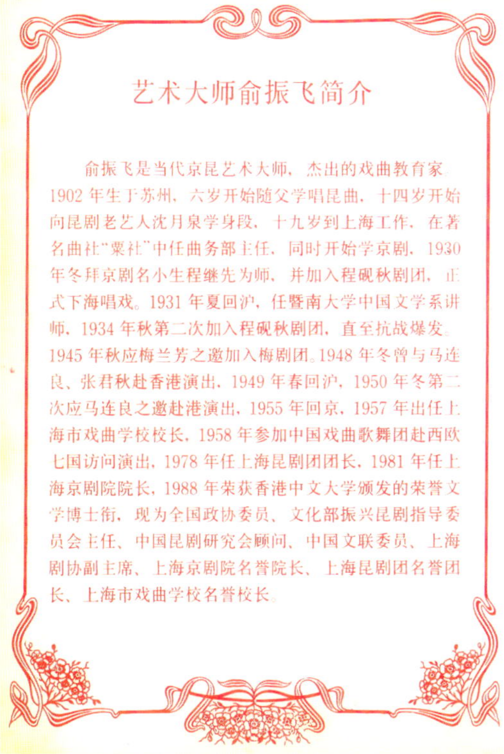

艺术大师俞振飞简介

俞振飞是当代京昆艺术大师，杰出的戏曲教育家。1902年生于苏州，六岁开始随父学唱昆曲，十四岁开始向昆剧老艺人沈月泉学身段，十九岁到上海工作，在著名曲社"粟社"中任曲务部主任，同时开始学京剧，1930年冬拜京剧名小生程继先为师，并加入程砚秋剧团，正式下海唱戏。1931年夏回沪，任暨南大学中国文学系讲师，1934年秋第二次加入程砚秋剧团，直至抗战爆发。1945年秋应梅兰芳之邀加入梅剧团。1948年冬曾与马连良、张君秋赴香港演出，1949年春回沪，1950年冬第二次应马连良之邀赴港演出，1955年回京，1957年出任上海市戏曲学校校长，1958年参加中国戏曲歌舞团赴西欧七国访问演出，1978年任上海昆剧团团长，1981年任上海京剧院院长，1988年荣获香港中文大学颁发的荣誉文学博士衔，现为全国政协委员、文化部振兴昆剧指导委员会主任、中国昆剧研究会顾问、中国文联委员、上海剧协副主席、上海京剧院名誉院长、上海昆剧团名誉团长、上海市戏曲学校名誉校长。

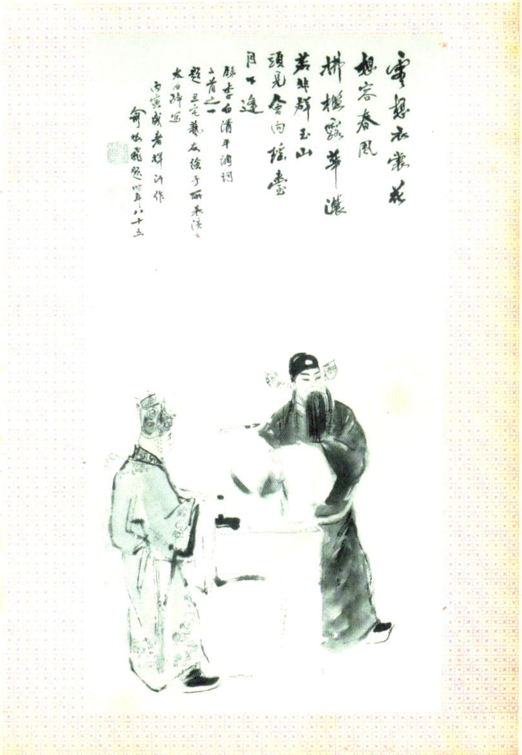

演出说明书封二、封三

封二：艺术大师俞振飞简介

封三：刘旦宅绘俞振飞《太白醉写》，俞振飞题李白《清平调》三首其一

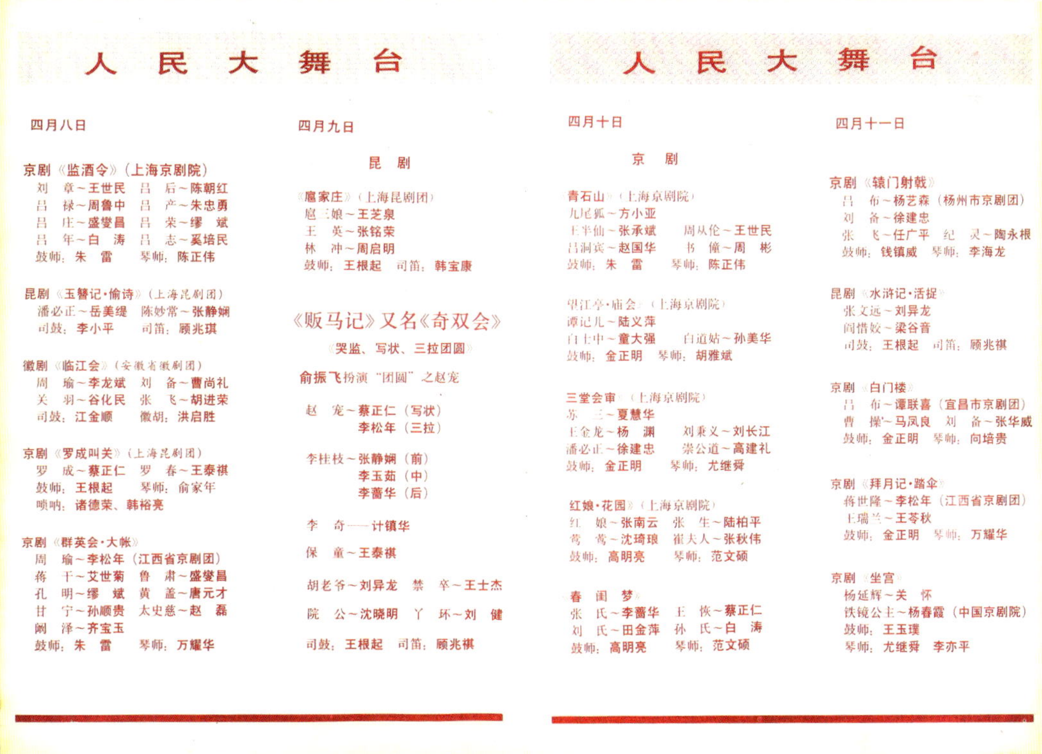

人民大舞台

四月八日

京剧《监酒令》（上海京剧院）
刘　章～王世民　吕　后～陈朝红
吕　禄～周鲁中　吕　产～朱忠勇
吕　庄～盛燮昌　吕　荣～缪　斌
吕　年～白　涛　吕　志～奚培民
鼓师：朱　雷　琴师：陈正伟

昆剧《玉簪记·偷诗》（上海昆剧团）
潘必正～岳美缇　陈妙常～张静娴
司鼓：李小平　司笛：顾兆琪

徽剧《临江会》（安徽省徽剧团）
周　瑜～李龙斌　刘　备～曹尚礼
关　羽～谷化民　张　飞～胡进荣
司鼓：江金顺　徽胡：洪启胜

京剧《罗成叫关》（上海昆剧团）
罗　成～蔡正仁　罗　春～王泰祺
鼓师：王根起　琴师：俞家年
唢呐：诸德荣、韩裕亮

京剧《群英会·大帐》
周　瑜～李松年（江西省京剧团）
蒋　干～艾世菊　鲁　肃～盛燮昌
孔　明～缪　斌　黄　盖～唐元才
甘　宁～孙顺贵　太史慈～赵　磊
阚　泽～齐宝玉
鼓师：朱　雷　琴师：万耀华

四月九日

昆　剧

《扈家庄》（上海昆剧团）
扈三娘～王芝泉
王　英～张铭荣
林　冲～周启明
鼓师：王根起　司笛：韩宝康

《贩马记》又名《奇双会》

《哭监、写状、三拉团圆》

俞振飞扮演"团圆"之赵宠

赵　宠～蔡正仁（写状）
　　　　李松年（三拉）

李桂枝～张静娴（前）
　　　　李玉茹（中）
　　　　李蔷华（后）

李　奇——计镇华

保　童～王泰祺

胡老爷～刘异龙　禁　卒～王士杰

院　公～沈晓明　丫　环～刘　健

司鼓：王根起　司笛：顾兆祺

人民大舞台

四月十日

京　剧

《青石山》（上海京剧院）
九尾狐～方小亚
王半仙～张承斌　周从伦～王世民
吕洞宾～赵国华　书　僮～周　彬
鼓师：朱　雷　琴师：陈正伟

《望江亭·庙会》（上海京剧院）
谭记儿～陆义萍
白士中～童大强　白道姑～孙美华
鼓师：金正明　琴师：胡雅斌

《三堂会审》（上海京剧院）
苏　三～夏慧华
王金龙～杨　渊　刘秉义～刘长江
潘必正～徐建忠　崇公道～高建礼
鼓师：金正明　琴师：尤继舜

《红娘·花园》（上海京剧院）
红　娘～张南云　张　生～陆柏平
莺　莺～沈琦琅　崔夫人～张秋伟
鼓师：高明亮　琴师：范文硕

《春　闺　梦》
张　氏～李蔷华　王　恢～蔡正仁
刘　氏～田金萍　孙　氏～白　涛
鼓师：高明亮　琴师：范文硕

四月十一日

京剧《辕门射戟》
吕　布～杨艺森（杨州市京剧团）
刘　备～徐建忠
张　飞～任广平　纪　灵～陶永根
鼓师：钱镇威　琴师：李海龙

昆剧《水浒记·活捉》
张文远～刘异龙
阎惜姣～梁谷音
司鼓：王根起　司笛：顾兆祺

京剧《白门楼》
吕　布～谭联喜（宜昌市京剧团）
曹　操～马凤良　刘　备～张华威
鼓师：金正明　琴师：向培贵

京剧《拜月记·踏伞》
蒋世隆～李松年（江西省京剧团）
王瑞兰～王苓秋
鼓师：金正明　琴师：万耀华

京剧《坐宫》
杨延辉～关　怀
铁镜公主～杨春霞（中国京剧院）
鼓师：王玉璞
琴师：尤继舜　李亦平

演出说明书内页：部分剧目

4月9日俞振飞饰演《贩马记·团圆》之赵宠

94

俞振飞表演艺术研讨会合影

- 照片复制件
- 摄于1991年4月
- 原照6吋
- 朱立君藏

俞振飞表演艺术研讨会合影

　　1991年4月俞振飞舞台生活七十年纪念活动期间，上海市文化局、上海市戏剧家协会、上海艺术研究所在上海教育会堂举办为期3天的俞振飞表演艺术研讨会。

俞振飞由专攻昆曲唱念而兼习昆曲演剧，由昆曲而涉足京剧，由著名票友而"下海"成为职业京剧演员，1957 年起更长期担任上海市戏曲学校校长，在各个场合、各个领域，均有学生、弟子追随问艺或记名受业于俞门，其门人跨昆曲曲友、京剧票友及京昆专业演员三界。本名录所列"俞振飞弟子"，各有其性质原委，要以三条标准为限：

一、得俞实授且学有所成的曲友、票友，不拘年辈，均列入名录（列入俞粟庐门墙而由俞振飞代授者除外）；

二、正式拜俞为师（或为义父）的专业演员或曲友、票友，不拘行当，均列入名录；

三、上海市戏曲学校得俞传授指点的昆剧、京剧小生学员，均列入名录。

案 俞振飞身兼曲友、演员、校长多重身份，所谓"得俞实授"的情形亦较复杂。曲友之得俞振飞实授者，生活中与俞多为朋友关系，其性质不同于梨园行会中长幼分明的师徒。故于此类型不拘年辈，而从授受实质及其自我认定加以取舍。至于京剧界如梅兰芳、程砚秋、姜妙香、陈富年等，以及昆剧界如顾传玠、朱传茗，均曾从俞振飞习曲。凡此均系梨园内行，各自有其业师，他们和俞振飞的关系在互相学习的师友之间，梅兰芳、姜妙香在京剧界的年辈更长于俞振飞，依照梨园行规，固不宜列入名录。此外，不少并非小生行当的京昆演员以及其他剧种的一些演员，尤其是毕业于上海市戏曲学校的演员，长期濡染于俞门，常得俞振飞指点乃至实授。广义而言，这些学员、演员无疑也是俞振飞的学生，但毕竟各自有本行当或本剧种的师承。为避免过于宽泛，本名录于上海戏校毕业者，只收京昆剧小生演员。

遵循以上标准，本名录胪列俞振飞弟子 48 人。排序以得俞实授、拜俞为师或戏校毕业的年代为序，三种情况不作分别。俞振飞艺高人寿，经历丰富，本名录难免错误遗漏，希望得到指正。

· 谢佩真（曲友，1920 年起从俞习曲，后从俞粟庐习曲凡七年，且年长于俞振飞，但始终以俞振飞弟子自居）

· 袁敏宣（曲友，30 年代从俞习曲，与俞兄妹相称，而唱曲一事，实师事之）

· 刘訢万（曲友，1935 年起从俞习曲，俞以好友相称，刘则仍以学生自居）

· 储金鹏（京剧小生演员，约 1937 年拜师，俞振飞京剧开山大弟子）

· 严逸之（京剧票友，40 年代初拜师，后下海）

· 殷菊侬（曲友，40 年代初从俞习曲）

· 黄正勤（京剧小生演员，约 1942—1943 年间拜俞振飞为义父，师事之）

· 樊书培（曲友，1945 年从俞习曲）

· 李松年（京剧小生演员，1946 年拜师）

· 王建孚（京剧票友，1948 年从俞学得《断桥》一剧）

· 李金鸿（京剧武旦演员，约 1949 年拜师改小生，不久恢复武旦本行）

· 谢志良（京昆剧票友，约 1949 年起从俞学京昆剧）

· 许可（京剧票友，1949 年拜师）

· 薛正康（京剧小生演员，1951 年拜师）

· 葛兰（京剧票友，1954 年起师事俞振飞）

· 徐冠春（京昆剧小生演员，1956 年拜师）

· 蔡正仁（昆剧小生演员，1961 年毕业于上海市戏曲学校）

· 岳美缇（昆剧小生演员，1961 年毕业于上海市戏曲学校）

· 王泰祺（昆剧小生演员，1961 年毕业于上海市戏曲学校）

· 顾兆琳（昆剧演员，初学小生，后改老生、作曲，1961 年毕业于上海市戏曲学校）

· 陆柏平（京剧小生演员，1961 年毕业于上海市戏曲学校）

· 费振年（京剧小生演员，1961 年毕业于上海市戏曲学校）

· 周清明（京剧小生教师，1961 年毕业于上海市戏曲学校）

· 叶少兰（京剧小生演员，1962 年拜师）

· 丛肇桓（昆剧小生演员，1963 年拜师）

· 宋铁铮（昆剧小生演员，1963 年拜师）

· 杨明（京剧小生演员，1963 年拜师）

· 陈文华（京昆剧票友，60 年代初拜师）

· 周承志（京剧票友，60 年代初拜师，后下海）

· 唐鸣秋（京剧票友，60 年代初拜师，后下海）

· 万香飞（京剧票友，60 年代初拜师）

· 周志刚（昆剧小生演员、导演，1966 年毕业于上海市戏曲学校）

· 吴德璋（昆剧小生演员，1966 年毕业于上海市戏曲学校）

· 沈晓明（昆剧演员，初学小生，后改老生，1966 年毕业于上海市戏曲学校）

· 费三金（京剧小生演员，1966 年毕业于上海市戏曲学校，1980 年拜师）

· 王世民（京剧小生演员，1966 年毕业于上海市戏曲学校，1980 年拜师）

· 杨渊（京剧小生演员，1966 年毕业于上海市戏曲学校，1980 年拜师）

· 陆道虹（京剧小生演员，1977 年拜师）

· 顾铁华（京昆剧票友，1979 年拜师）

· 姚玉成（京剧小生演员，1980 年拜师）

· 杨世彭（京昆剧票友，1981 年拜师）

· 许凤山（昆剧小生演员，1981 年拜师）

· 冉为（京剧小生演员，1982 年拜师）

· 谭联喜（京剧小生演员，1982 年拜师）

· 石小梅（昆剧小生演员，1982 年拜师）

· 杨艺森（京剧小生演员，1984 年拜师）

· 邓宛霞（京昆剧票友，1985 年拜师，后为专业京昆剧旦角演员）

· 孙天申（曲友，1985 年拜师）

· 张富光（昆剧小生演员，1987 年拜师）

俞振飞弟子不完全名录

95

雅韵千秋——纪念京昆艺术大师俞振飞先生诞辰一百零九周年系列演出说明书

· 印刷品
· 2011年7月
· 17×28cm
· 上海艺术研究中心藏

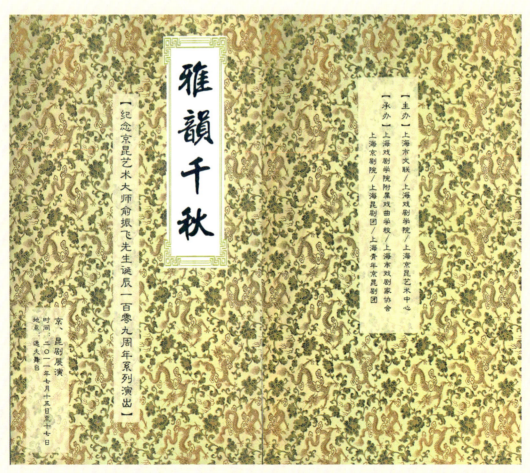

演出说明书封面、封底

2011年7月15—17日，上海市文联、上海戏剧学院、上海京昆艺术中心在天蟾京剧中心逸夫舞台联合主办为期3天的"雅韵千秋——纪念京昆艺术大师俞振飞先生诞辰一百零九周年系列演出"。上海京剧院、上海昆剧团、上海戏剧学院附属戏曲学校、上海青年京昆剧团参加演出。16日晚，俞振飞夫人、程（砚秋）派传人李蔷华（时年八十三岁）与俞门弟子蔡正仁（时年七十一岁）合演20世纪30年代程砚秋、俞振飞合作黄金时期的京剧代表作《春闺梦》选场。

演出说明书内页：部分剧目

96

京昆合璧 儒雅风流——纪念俞振飞先生诞辰110周年活动京昆专场演出说明书

- 印刷品
- 2012年7月
- 20×29cm
- 上海艺术研究中心藏

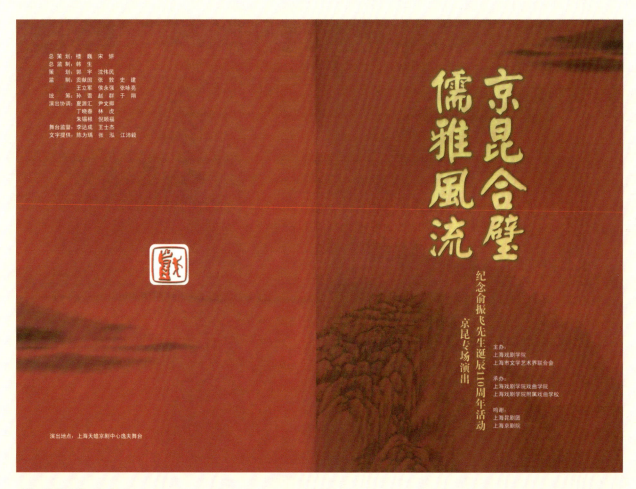

演出说明书封面、封底

2012年7月7—8日，上海戏剧学院、上海市文学艺术界联合会在天蟾京剧中心逸夫舞台联合主办为期2天的"京昆合璧　儒雅风流——纪念俞振飞先生诞辰110周年活动京昆专场演出"，上海昆剧团、上海京剧院、上海戏剧学院戏曲学院、上海戏剧学院附属戏曲学校参加。8日夜场为京、昆俞派剧目专场，俞门弟子蔡正仁、岳美缇、王世民登台演出京昆折子戏。

演出说明书内页：演出剧目

附录 展厅实景和数字展厅

扫描二维码
参观数字展厅

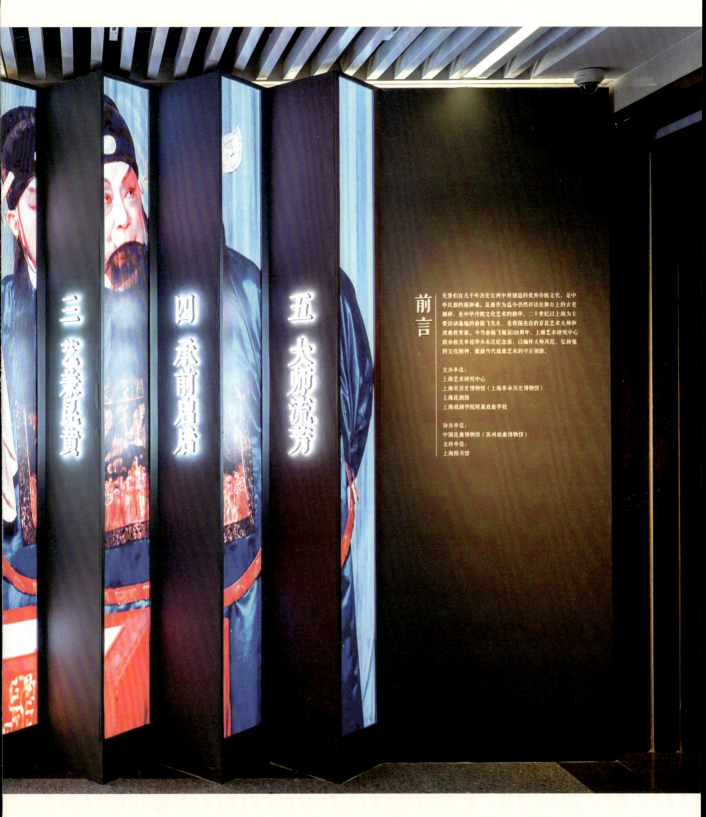

三 艺兼昆黄

四 承前启后

五 大师流芳

先贤们在几千年历史长河中所创造的优秀传统文化，是中华民族的根和魂。昆曲作为迄今仍然存活在舞台上的古老剧种，是中华传统文化艺术的精华。二十世纪以上海为主要活动基地的俞振飞先生，是我国杰出的京昆艺术大师和戏曲教育家。今当俞振飞诞辰120周年，上海艺术研究中心联合相关单位举办本次纪念展，以缅怀大师风范，弘扬他的文化精神，激励当代戏曲艺术的守正创新。

主办单位：
上海艺术研究中心
上海市历史博物馆（上海革命历史博物馆）
上海昆剧团
上海戏剧学院附属戏曲学校

协办单位：
中国昆曲博物馆（苏州戏曲博物馆）
支持单位：
上海图书馆

展厅入口

昆曲简介

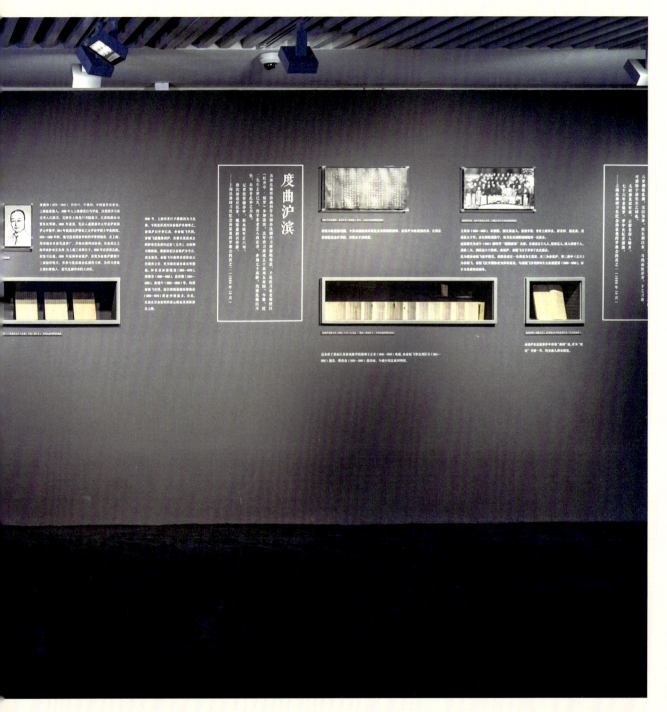

度曲沪滨

昆曲正宗

记得三十年代初，我自愿选择戏曲演员作为终身职业的时候，是承受了当时社会舆论强大压力的。但我酷爱京剧和昆剧艺术，我顶住了这种压力，把自己的命运同这两个剧种紧紧连在一起了。

——俞振飞《在「俞振飞演剧生活六十年纪念大会」上的致答词》

艺兼昆黄

承前启后

我是一个普通的昆剧、京剧演员，今年已80岁了。近年来，还要在各地舞台上演出几次，为这两个古老剧种做一点儿工作。
——俞振飞《童梦手稿》（1984）

大师流芳

后 记

2022年适逢京昆艺术大师俞振飞先生120周年诞辰。上海艺术研究中心联合上海市历史博物馆（上海革命历史博物馆）、上海昆剧团和上海戏剧学院附属戏曲学校，为缅怀大师风范，弘扬"俞派艺术"精神，激励当代戏曲艺术的守正创新，于2022年7月15日至8月31日在上海市历史博物馆西楼举办"雅韵千秋——俞振飞诞辰一百二十周年纪念展"。

除上述主办单位，中国昆曲博物馆（苏州戏曲博物馆）和上海图书馆，蔡正仁、岳美缇、张洵澎、张静娴、费三金等昆曲、京剧名家以及朱立君、柴俊为、唐吉慧等学者、收藏家为本次展览给予了大力协助，出其庋藏助展；吴新雷教授、唐葆祥先生、王世民先生更向上海艺术研究中心慷慨捐赠珍贵的文献档案资料；展览顾问翁思再先生为本展策划提供了宝贵建议。

本图录的编纂，旨在将这次具有纪念意义和学术意义的展览的菁华浓缩成册，留下可赏鉴、可查考的资料。编纂过程中，继续得到了上述单位和个人的大力支持和协助，更获得了上海博物馆的支持。在此向所有上述单位和个人致以诚挚谢意！

图录卷末附有展厅照片及线上数字展厅二维码，便于读者重新体验展览实景。

图录文字由刘润恩撰写。除借展方提供的数字图片、档案外，图录所收展品、展厅照片由吴景春、刘润恩拍摄。由于水平有限，编纂时间仓促，书中难免错误遗漏。恳请读者不吝批评、指正。

上海艺术研究中心

2023年3月5日

图书在版编目(CIP)数据

雅韵千秋:俞振飞诞辰一百二十周年纪念展图录/
上海艺术研究中心编. —上海:上海人民出版社,2023
ISBN 978 - 7 - 208 - 18168 - 7

Ⅰ. ①雅… Ⅱ. ①上… Ⅲ. ①俞振飞(1902 - 1993)
-生平事迹-图集 Ⅳ. ①K825.78 - 64

中国国家版本馆 CIP 数据核字(2023)第 031643 号

责任编辑　赵蔚华
封面设计　邵　旻
版式设计　雷　昊

雅韵千秋
——俞振飞诞辰一百二十周年纪念展图录
上海艺术研究中心　编

出　　版　上海人民出版社
　　　　　(201101　上海市闵行区号景路 159 弄 C 座)
发　　行　上海人民出版社发行中心
印　　刷　苏州工业园区美柯乐制版印务有限责任公司
开　　本　889×1194　1/16
印　　张　20.25
插　　页　4
版　　次　2023 年 6 月第 1 版
印　　次　2023 年 6 月第 1 次印刷
ISBN 978 - 7 - 208 - 18168 - 7/J・664
定　　价　188.00 元